王　琦＼主编

# 劳动教育课程这样实施

世界图书出版公司

图书在版编目（CIP）数据

中国教育领航 . 第二辑 / 严华银主编 . -- 北京：
世界图书出版公司 , 2021.8
　ISBN 978-7-5192-8643-9

　Ⅰ . ①中… Ⅱ . ①严… Ⅲ . ①教育—研究—中国
Ⅳ . ① G52

中国版本图书馆 CIP 数据核字 (2021) 第 103693 号

| | |
|---|---|
| 书　　　　名 | 中国教育领航 . 第二辑 |
| （汉语拼音） | ZHONGGUO JIAOYU LINGHANG.DI-ER JI |
| 主　　　编 | 严华银 |
| 总　策　划 | 吴　迪 |
| 责　任　编　辑 | 王林萍 |
| 装　帧　设　计 | 包　莹 |
| 出　版　发　行 | 世界图书出版公司长春有限公司 |
| 地　　　址 | 吉林省长春市春城大街 789 号 |
| 邮　　　编 | 130062 |
| 电　　　话 | 0431-86805551（发行）　　0431-86805562（编辑） |
| 网　　　址 | http：//www.wpcdb.com.cn |
| 邮　　　箱 | DBSJ@163.com |
| 经　　　销 | 各地新华书店 |
| 印　　　刷 | 保定市铭泰印刷有限公司 |
| 开　　　本 | 787 mm×1092 mm　1/16 |
| 印　　　张 | 127.25 |
| 字　　　数 | 2 222 千字 |
| 印　　　数 | 1—5 000 |
| 版　　　次 | 2021 年 8 月第 1 版　　2021 年 8 月第 1 次印刷 |
| 国　际　书　号 | ISBN 978-7-5192-8643-9 |
| 定　　　价 | 880.00 元（全 10 册） |

# 丛书编委会

主　　　任：王仁雷

主　　　编：季春梅

副　主　编：回俊松

编 委 成 员：季春梅　回俊松　严华银

策　划　人：严华银

# 本书编者

编　　　者：王　琦

# 其言不立，何以成"家"

## —— 教育家型校长思想生成之道

当我们把教育家型校长的发展目标定位在"立功立德立言"的高度，且将"立言"作为其发展的至高境界时，在教育家型校长成长与培养的过程中，发展主体和培养主体都会全力关注：如何培育教育家型校长的教育思想？如何帮助校长凝练教育思想？而最无法绕过的问题则是，我们今天究竟需要怎样的教育思想？

改革开放后，中国教育经历过短暂的辉煌后，忽然在商业化、市场化的大潮中受到强烈冲击，很快，外延扩张式发展与内涵跟进不及发生矛盾冲突，直至今天，以分数为评判标准的应试升学的热情从来就高烧不止。课程改革、核心素养改革，一场又一场倡导素质教育、立德树人的改革，尽管取得了令人瞩目的成绩，为我国几十年的经济、社会事业发展提供了强有力的人才支持，但我们也不能不看到，整体上，青少年的道德素养、综合能力、创新精神的培养还有明显不足，在一流杰出科技人才队伍的打造方面，还存在很多困难。从最近几年出现的问题看，人才品质问题、高品质人才教育问题，可能是影响和制约中国未来发展的至关重要的问题。

教育的问题当然不仅仅是教育本身的问题。但作为教育人，也还是要较多地考虑从教育本身来着手解决教育问题。参与了两届国家层面的教育家型校长培养工程，走进这些校长的内心和他们所在的学校，了解他们成长和发展的历程，我们最为深切的体会就是，校长、学校、教育的根本问题，一定是教育思想、教育价值观问题。尤其是校长，假如我们仍然认可有什么样的校长，就有什么样的学校，那么我们就可以说，有什么样的教育价值观，就有什么样的校长。从这一角度看，研究近几十年来的教育，研究教育的问题，首先必须关注教育思想和价值观的问题。

最近这几十年间，我们究竟有什么样的教育思想和价值观呢？比如说，我们有"为学生一生的幸福奠基"的"奠基说"，有"坚守儿童立场"的"立场说"，还有"没有教不好的学生，只有不会教的老师""办孩子喜欢的学校""教育就是服务""让学生永远站在课堂的中央"等一系列被某些人认为富有创意、极为宏大甚至伟大的教育观点和追求。但这些从某一角度和维度看非常正确的教育思想，联系教育方针确定的培养目标、学校教育和学生发展的实际，联系近年来教育和社会出现的种种问题，就会发现其中的偏执和矛盾，就会发现其给具体实行教育的学校管理者和教育者带来的问题不可小觑。一国教育的终极目标，是不是仅仅就为着生命个体一己之幸福，还要不要对家庭、家乡和家国的关怀和奉献？过分强化一己之幸福，无限滋长个人和利己主义倾向，与现实中许多社会问题的集中出现有没有某些关联呢？教育的意义在于引领成长，片面强调学生单向的"喜欢"，片面强调"儿童立场"，那教师、学校和教育的立场还有没有、要不要呢？如果没有和不要，那孩子是不是就可以野蛮生长，或者永远停留在儿童时代呢？一味地强调学生的可塑性，否定教育的复杂性，将教师置于无可再退的墙角，将教育和学校的责任增至"无限"，意义何在呢？原本教师主导、学生主体的非常正常的课堂关系，一句浪漫主义的文学夸张，让教师们不能不愕然：课堂里，学生站在"中央"，那我"站着"还是"坐着"，又在哪里是好呢？许多年来，有这样一种观点，凡不管用什么方法、怎样的表达，只要是为学生讲话，再怎样过分地讲话，从来都是正确的，一片叫好并跟风；相反，为教师讲话，讲传统和传统教育，讲孔孟、《学记》，讲朱熹、王阳明、陶行知，讲几十年教育中的本土实践、经验，响应者、问津者似乎寥寥。我们以为，上述种种轻忽教育立场、弱化教育力量、虚化教师地位、教育理念表达"文学化"的现象，与"教育领域中某些教育者唯西方是从，漠视国情、漠视教育传统，轻视甚或蔑视本土实践和本土经验的教育研究风气"紧密相关。于是，这些人要么把教育做成了西方教育哲学的跑马场，言必称建构主义，到处必说佐藤学；要么就是信口开河，语不惊人死不休，把原本属于科学的教育，几乎化作了浪漫想象、天马行空的"文学"。

今天，中国教育"转型"发展，"高品质学校"建设任重道远，尤其需要成千上万的教育家型校长突破现实某些教育思想和教育实践的误区，努力建构自己的卓越的教育思想，"领航"千千万万学校，"领航"区域教育，"领航"中国教育，解"唯分"困局，破"应试"冰山，实现党中央、国务院提出的完善"德智体美劳全面培养体系"，健全"立德树人落实机制"的改革目标。

何为教育思想？教育思想本不神秘，并不像某些人理解的那样高深莫测。它实际所指就是办学思想，即校长对于教育的认识、理解、见解、主张、理念、观点，在具体的办学实践中的执行和落实，或者说是从学校的教育教学和管理行为中梳理总结出来的教育理念和思想。它包括教育观、课程观、教学观、教师观、学生观等。这为任何一所学校任何一个校长所具有。

但从上述分析可知，由于种种因素，不同学校、不同校长，其教育思想又有高下之别。真正卓越的教育思想，一定是共性与个性的统一，一般与特殊的统一，坚守与开放的统一。真正优秀的教育思想，一定是切近人性，尊重科学，符合规律的；真正优秀的教育思想，一定是指向道德，关乎人格，追求情怀的；真正优秀的教育思想，也一定是基于本土，博采他山之石，合于教育价值的。

据此，我们来研究教育家型校长卓越的教育思想的建构问题。

第一，崇高道德必须成为教育思想的内核。让"社会主义事业的建设者和接班人"与"立德树人"的方针、目标和价值观落地，就必须旗帜鲜明、大张旗鼓地弘扬人格与道德、情怀与境界的教育追求。以善良诚厚为本，不断锤炼个性、意志、品格，正确处理好己与人、私与公、个体与群体的关系。传承中华传统，见贤思齐，修身齐家，奉献祖国，达成个人价值和民族伟大复兴的统一。美国普林斯顿大学以"普林斯顿——为了给国家服务"为校训；清华大学以"厚德载物，自强不息"为校训；南开大学以"允公允能，日新月异"为校训；江苏省锡山高中以"做站直了的中国人"为校训，可以说，这些都是办学主体对于教育本质的精准理解和把握。将教育思想的内核由过于偏重个体、个性和个人的幸福的"小我"追求，"转型"至对于家乡、家国、民族的大爱与奉献，达成个人价值与民族复兴统一的"大爱"情怀，既是时代发展的迫切需要，也是社会主义核心价值观的体现，更是教育的根本意义和价值所在。而这一问题的解决，需要校长们站位高远，秉持理想，需要校长们全神贯注、全力以赴。

第二，建构教育思想迫切需要校长们思维理性的修炼和提升。教育思想的重要特点是富于个性，是校长在教育教学实践和办学实践中基于教育的个性化理解而逐渐成熟的办学理想和育人理想，但任何教育思想又必须契合国家主流的教育价值观。个性与共性的统一可以说是教育思想确立的基本原则。教育思想是关于教育问题的本质表达，所以需要拨开云雾，不被表象所迷惑。就育人而言，道德、人格、思维、理性、创新都应是其不可或缺的元素。不仅如此，在凝练教育思想的过程中，还得借助辩证思维、逻辑思维等，处理好传统与现代、人文与科学、传承与创新、借鉴与坚守、专家引领与自主建构的关系。

第三，教育思想的成熟，从来都伴随实践，且伴随实践反思。教育思想首先是优秀校长的，是优秀校长在办学实践中逐渐形成的。办学和教育实践是教育思想之根。从实践之根出发，长出教育之参天大树，并最终凝结为思想之果。这一浩大工程、漫长过程，伴随的是实践主体——校长的不断修剪、打理、矫正和选择，也就是说，反思、改进、践行、循环往复，追求最好，走向更好，是教育家型校长教育思想成熟的必由之路。福建三明学院附小林启福校长带领学校教师，借助专业支持，经过十余年艰苦探索，从"幸福教育"走向"福泽教育"。本期领航校长，宁夏银川金凤三小王晓川校长，在领航专家团队的启发引领下，将原本"说学"并重的教育理念，逐渐明晰为"说以成理，学而至善"，直抵教育本质，实现了教育思想的一次蜕变，正是其实践反思、理性辨正的成果。

第四，教育思想的表达，从来都需要严谨缜密，抓住要害和关键。近年来，在某些区域校长培养过程中，某些校长教育思想的凝练，表现出经院式、标签化、概念性、文学风倾向，助长了办学和教育教学的浮躁、功利和知行不一，这尤其需要教育家型校长通过理性思维，明辨真伪，去粗取精，并最终找到最为科学的表达方式。新疆生产建设兵团华山中学邱成国校长的"才丰似花，德厚如山"理念，海南陵水中学张勇校长的"仁智教育"理念都是十分经典的表达例证，值得借鉴。就教育思想在校园中的呈现而言，育人理念和思想最为根本；就育人文化的呈现而言，校训最为根本。因为学校的价值就在于育人，校长的训词则是对被育对象的严肃训诫和要求，突出呈现这些，就是突出学生主体，就是突出教育的本质。目前，一些区域学校，校园中贪多务全的思想和文化表达，常常淹没了发展主体、教育主旨和核心，其成效适得其反。

教育家型校长，又被称之为领航校长，所谓"家"，"家"在何处？所谓"领航"，究竟引"领"什么？"航"向哪里？至关重要的还是教育思想问题。尤其是在今天这样一个价值多元、教育转型的特殊时期，教育家型校长通过卓越的教育思想，发挥其领航价值，推动我国基础教育快速稳步发展，意义十分重大。

丛书编者

2021 年 5 月

## 专家感言

　　三年转眼过，在中国教育改革的热土地——江苏，在教育部名校长领航工程基地之一——江苏省师干训中心，一群教育专家，与一群可以被称之为教育义勇军、先行者的领航校长——教育部第二期名校长领航工程9位学员，走过了一段峥嵘、卓越的岁月。

　　他们，阵容并不壮大，少时十数人，多时数十人。问题是，当五湖四海、出类拔萃的校长精英与长三角首屈一指的教育专家一朝相逢，而且一发不可收地亲近、交融，终至于合二为一，成为志同道合的教育"行者"，其生发的聚合和裂变，其结晶的意义和价值，你怎么估量都不为过！

　　曾记2018年，北京受命，南京启航，从此，基地精致组织协调；导师沉稳领航引导；学员潜心研学，竭力修正，其教育内涵逐渐丰富、厚重，其学校文化越发凝练、科学。三年中，被"领航"者，又"领航"着各工作室的成员和学校；三年中，基地、导师、学员、学员的学员，还"组合"成"教育志愿军"，一组一组，一次一次，深入大凉山腹部，从昭觉到布拖，让教育的"精准帮扶"生根校园，惠及教师，落地课堂，直抵每个孩子的心底。

就是在这样的"层递领航"中，我们的理念、能力，我们的情怀、境界，我们的思想、经验，经千锤百炼而不断精进；而且，就在这样的行走中，我们"扩容"了"领航"内涵，拓展了教育价值，也升格了人生境界，终于，我们真的可以无愧于"教育家型校长"的称号。

我们还积累了许多教育的感想和哲思，创造了许多美好的邂逅和故事。我们更收获了深厚的友情，沉淀了悠悠的思念。

终于，到2021年，在安徽池州，在天津南开，在山东济南历城，三场高端的教育思想研讨会，水到渠成地举行，每一位校长，从个人经历中发现成长，从教育行走中感悟价值，从办学成就中梳理经验。终于，一朵名为教育思想的花儿，经历远远不止十月的孕育，含苞，又顺畅绽放，并被精彩命名，且被专家们洞幽烛微地阐述、"微言大义"地点评，由此，她、她们，名正言顺地盛开在中国教育思想的家园。

这里，我们撷取三年生活的"散点"，轻拂去岁月的"尘封"，从痕迹到线索，从即景到场面，真实描述，定格展示。其意义，除了留存和总结，还期望复苏记忆，活跃联想，让所有的亲历者偶尔或者常常回放、回望或者回味——

因为，不论是谁，一生中又能有多少这样的三年呢？

# 引 言

习近平总书记在全国教育大会上指出，培养什么人是教育的首要问题，要培养德智体美劳全面发展的社会主义建设者和接班人，培养一代又一代拥护中国共产党领导和我国社会主义制度、立志为中国特色社会主义奋斗终生的有用人才。"有用人才""时代新人"的一个重要特征，就是具备劳动的素质，能够弘扬劳动精神、崇尚劳动、懂得劳动最光荣，能够辛勤劳动、诚实劳动、创造性劳动。习近平总书记把劳动教育纳入社会主义建设者和接班人的要求之中，提出"德智体美劳"的总体要求，丰富发展了党的教育方针。

重视劳动，强调教育与劳动相结合，是马克思主义重要的主张。马克思主义哲学认为，劳动推动社会历史进步，是人作为人之最本质最显著的特征。马克思在《1844年经济学哲学手稿》中指出："正是在改造世界中，人才能真正地证明自己是人类存在物。"他强调："对社会主义的人来说，整个所谓世界历史不外乎是人通过人的劳动而诞生的过程。"因此，人民创造历史，劳动开创未来。劳动是推动人类社会进步的根本力量，是人民美好生活的源泉。构建德智体美劳全面培养的教育体系，加强劳动教育，是回归人之本质、回归学生自身的主体性教育方式，能够帮助学生在自主实践中发现自我，通过双手改变和创造自己的生活。在新时代背景下，加强学生的劳动教育，努力提高学生的劳动素质，对学生的成长和国家的发展意义深远。

# 目录

# 第一章

# 劳动及劳动教育的概述

# 国外教育家对劳动及劳动教育的概述

　　18 世纪法国启蒙思想家卢梭，提倡按照自然法则通过直观和劳动等教育方法培养自由的公民，这是卢梭教育思想的核心。马克思指出：从工厂制度中萌发出了未来教育的萌芽，对所有已满一定年龄儿童来说就是要把生产劳动和智育、体育相结合，它不仅是提高社会生产的一种方法，而且是造就全面发展的人的唯一方法。恩格斯进一步指出劳动是整个人类生活的第一个基本条件，而且达到这样的程度致使我们在某种意义上不得不说："劳动创造了人本身"。20 世纪上半叶，美国实用主义教育家杜威在《民本主义与教育》中提出："从做中学""教育即生活""学校即社会""教育无目的"等理念，对近现代中外教育史都产生久远的影响。苏联早期教育革命家马卡连柯郑重指出：正确的苏维埃教育如果不是劳动的教育，那是不能想象的。劳动永远是人类生活的基础，是人类生活和文明幸福的基础。苏联苏霍姆林斯基断言："脱离劳动，没有劳动，就没有也不可能有教育。"他还强调："劳动和劳动教育，是不能与学习、与道德的培养和发展相提并论的"。劳动是渗透一切、贯通一切的东西。苏霍姆林斯基的教育经验值得参考，在他主持的帕夫雷什中学教育中，从低年级到高年级，对生产劳动作了系统的安排，使学生从简单手工劳动到复杂机械劳动，进行全面系统的学习，做到由简到繁，由易到难，由操作到原理系统学习，逐步提高。

# 国内教育家对劳动及劳动教育的概述

陶行知等教育家对劳动教育的内涵、办学方针、教学原则和教育目的等做了详细探讨，形成了中国近代丰富的劳动思想。

陶行知给出了简明扼要的定义——"劳动即生活"，揭示了劳动生活的基本内涵。人类社会的劳动生活包括了社会生活的各个方面，人想要什么样的生活，必须参加相应的劳动和生活实践活动。陶行知提倡手脑并用、在劳力上劳心、"行——知——行"等劳动教育思想。

"手脑并用"是陶行知生活教育理论的具体目标之一，也是其劳动教育思想的目的。陶行知曾说："劳动教育的目的，在谋手脑相长，以增进自立之能力，获得事物之真知及了解劳动者之甘苦。"要想达到这样一种目的，则"非师生共同用手做事不可"。而当时中国的教育方式是教育与生产劳动、社会活动相脱节。"教用脑的人不用手，不教用手的人用脑，所以一无所能（陶行知，1931）"。因而，陶行知将教育与生产劳动、社会生活密切联系起来，以彻底改造这种教育，从而培养造就手脑并用的一代新人。陶行知针对当时中国存在的"软手软脚病"和"笨头笨脑病"，相应地开出了两副帖药，一副主要针对旧知识分子"呆头呆脑"的"脑化手"，另一副针对无产阶级的农人和工人"粗手粗脚"的"手化脑"。他认为，"一个人要有贡献于社会，一定要手与脑缔结大同盟"，"中国教育革命的对策是使手脑联盟，结果是手与脑的力量都可以大到不可思议"。就此，他（1931）还专门作了一首《手脑相长歌》："人生两个宝，双手与大脑。用脑不用手，快要被打倒。用手不用脑，饭也吃不饱。手脑都会用，才算是开天辟地的大好老。"这十分形象且深刻地阐述了教育与生产劳动、社会活动相结合的伟大意义。

"在劳力上劳心"是陶行知劳动教育思想的理论基础。陶行知认为，在传统教育之下，劳心者与劳力者是相分离的，因而造成了"田呆子"（劳力者）和"书呆子"（劳心者）两个极端。当时的学校里存在严重的劳心而不劳力，读书而不做工的"书呆子"，"教书的人是'教死书''死教书''教书死'；读书的人是'读死书''死读书''读书死'（陶行知，1932）"。而社会上的"田呆子"只知道"做死工""死做工""做工死"。这种传统的教育方式已经严重威胁到国家的危亡，而要挽救危亡，必须做到两条："（1）教劳心者劳力，教读书的人做工；（2）教劳力者劳心，教做工的人读书（陶行知，1932）"。只有人人在劳力上劳心，才没有废人，没有阶级，而且可以征服天然的势力，获得事物的真理。陶行知说，"在劳力上劳心，是一切发明之母。事事在劳力上劳心，便可得事物之真理"。这也就是说，不仅要有物质生产的劳动，更要有精神生产的劳动，要在物质生产劳动的基础上进行精神心灵的劳动。这种"在劳力上劳心"的教育，"能够造就在劳力上劳心的人类，才能征服自然势力，创造大同社会"。

"行是知之始，知是行之成"，行才是知识的来源，也是创造的基础。陶行知曾对行动、知识与创造三者的关系进行非常形象的阐述，说"行动是老子，知识是儿子，创造是孙子"，不管是获取知识，还是进行创造，前提都必须行动，都须做或是实践，在实践中求得知识，然后进行创造。陶行知将行动放在首要位置，体现出他对实践的重视。而在学校中开展行动教育，培养学生的行动意识，即要求学生从事劳动，在劳动中获得知识，将知识应用于劳动，劳动是工具或方法，知识是目的，二者不可分割。陶行知曾对教育做如此定义："教育是什么？教育是教人发明工具，制造工具，运用工具。生活教育教人发明生活工具，制造生活工具，运用生活工具。"这不仅阐明了陶行知生活教育的内涵，也道出了陶行知劳动教育所遵循的逻辑"行——知——行"。

# 劳动教育的意义

苏霍姆林斯基认为，劳动过程本身就贯穿着一定的思想观点，劳动教育是一个无所不包的概念，它会产生很多意想不到的作用。比如社会劳动产生责任感，竞赛劳动产生荣誉感，集体劳动产生协作精神，持续劳动产生坚毅品质，共同劳动产生纪律习惯等。心理学理论指出学生学习阶段有四种基本兴趣：直观兴趣（被事物新奇的特点所吸引）、操作兴趣（亲自参与实验）、因果兴趣（探究现象背后原因）、理论兴趣（探索一般的普遍规律）。劳动教育最容易激发学生的直观兴趣和操作兴趣进而引发学生的因果兴趣，因而是一种最好的教育方式。但我们目前学校教育要不就没有劳动，要不仅仅把劳动理解为体力劳动或者体育锻炼，没能充分挖掘劳动的教育学意义。久而久之在学生心目中，劳动被淡化被弱化，直至被轻视。其实劳动教育是一种有效教育方式，能让学生告别单调乏味的"填鸭式"灌输，学习在创造性的劳动中解决问题，既发展智力水平，又锻炼意志品格；既创造物质财富又体验精神成就。何乐不为呢？杜威"做中学"完全可以看成是一种劳动教育为主体。让学生先"做"，主动参与，带着趣味去"学"，以发展学生的智能。其最大的教育特点不仅知其然，即掌握根本的操作技能；更能知其所以然，即对劳动对象结构关系、功能关系、因果关系进行探究和思考。最成功的劳动教育创建者还是苏霍姆林斯基。他不仅提出通过劳动发展智能，而且更要重视劳动中创造力的培养。他提出了要在重复劳动中逐渐增加新的内容，让学生始终保持积极的创造欲望，把表面简单的事做得越来越好，越来越完美。正是这种巨大的创造热情，激发学生更进一步努力学习，克服困难，不断超越自我，最大限度地发展自己的智力水平和创新精神。

## 一、劳动能够培养学生的兴趣爱好

苏霍姆林斯基认为，要让学生从事一项能够满足他个人爱好、才能、兴趣的长期有明确目的的劳动，因为一个人必须有一件自己真正爱好的事情，才会活得有意思。当然，这爱好完全是出于他的真性情。他喜欢做这件事情，只是因为他觉得事情本身非常美好，他能够被事情本身所吸引。劳动教育能培养孩子的兴趣、爱好，任何一个孩子都不会拒绝让他亲自动手参与他自己所钟爱的事情，孩子的天性都是从自我的动手探索开始。我们做教育的首先就应该遵循人的发展规律和事物自身规律，这样我们才会做出让人民满意的教育，才能受大家欢迎。

劳动是智慧之树。杜威和苏霍姆林斯基的试验，充分证明了劳动能够促进学生智力发展。孩子智慧出在他手指上。我们常常说心灵手巧反过来一个"手巧"的孩子，也必然是"心灵"的。要知道在猿向人的转化中，正是因为手的灵巧，创造出劳动工具，才最终使人区别于其他动物。

### 二、劳动能培养道德习惯

劳动教育在学生道德教育上起着极其重要的作用。他们通过参加劳动，可以直观地感受到劳动者的艰辛，劳动成果来之不易，从而自觉地履行对他人、对社会的义务。劳动能够使学生产生一种强烈的自尊，当学生用热情、智慧创造出劳动成果时，他又会产生无比的自豪感、成就感。滴自己的汗、吃自己的饭，自己的事自己干，靠天、靠地、靠祖上，不算好汉。在劳动过程中学生和他人的关系也会更加融洽，团队精神、合作意识和集体荣誉感也会空前增强，人的凝聚力也往往会在共同的目标空前爆发，这些道德品质都是我们每个社会人所必备的。

### 三、劳动能促进身心和谐

劳动教育是素质教育不可缺失的重要内容，是"全面和谐的教育"不可分割的一部分。没有劳动教育就不可能有学生整体素质的全面提高，就没有学生"身心全面和谐"的发展。强健的体魄需要劳动锻炼，健全的人格也需要劳动锻造。

### 四、劳动能激发学生的创造力

建设中国特色社会主义现代化强国，要大力实施创新驱动发展战略，将经济发展与科技创新紧密结合。这对我国教育事业的发展提出了新的更高要求。通过提倡"创造性劳动"，重点培养一支专业技能过硬、自主创新能力高的新型劳动者队伍，以适应时代发展需要，实现教育、科技与经济三者协调统一发展。在教材设计中，加强学生的创新意识，通过"阅读感悟"等讲述古代人民劳动创造改变生活的故事，激发学生创造的热情。例如，在文艺创作人才的培养中，在教育教学活动环节中创造良好的文艺创作环境和平台，重视文艺创造性劳动成果，突出培养学生体验和理解生活的能力，以此培育高水平创作人才。创造性劳动关乎未来国家技术创新能力、经济发展、人民生活等多方面的质量与水平，创造性劳动教育势在必行，也任重道远。

### 五、加强劳动教育，能培养学生奋斗精神

《周易》中说："天行健，君子以自强不息。"自强不息是中华民族的优良传统，是改善民生、创造人民幸福生活的重要保证。正如习近平总书记指出的，"人世间的一切幸福都需要靠辛勤的劳动来创造"。从一定意义说，学生德行的养成、奋斗精神的培养始于辛勤劳动教育。引导学生在成长过程中能辛勤劳动并以此为荣，树立劳动最光荣、劳动最崇高、劳动最伟大、劳动最美丽的信念，这是教育的重点与方向。在教材设计中，鼓励学生从小主动辛勤劳动，践行孝敬父母、尊重老师、乐于助人等德行，通过日积月累的点滴劳动塑造学生正确的人生观、价值观。在教学中，以体验式教学使学生感悟自身的变化与成长，理解辛勤劳动对于丰富和发展自我的重要性，激发学生在未来学习生活中努力奋进、自主追求与实现梦想的勇气。

### 六、加强诚实劳动教育，能培养学生诚信品质

所谓"诚实劳动"，在于敬业实干，热爱并踏实做好自己的工作，充分发扬工匠精神。习近平总书记在讲到"诚实劳动"对国家发展、人民生活的意义时指出，"人世间的美好梦想，只有通过诚实劳动才能实现；发展中的各种难题，只有通过诚实劳动才能破解"。"诚者，天之道也。"每个人要从集体利益出发，不弄虚作假、消极怠工，要诚实劳动，遵守职业道德，学习并遵循社会发展的规律，努力为国家和社会经济发展做出贡献。在诚实劳动教育的实践中，重在学生"诚"的品质的培养。在教材设计中，案例式"探究与分享"能够塑造劳动楷模形象，用榜样力量引导学生诚实劳动，以实干体现自身价值；设计"拓展空间""相关链接"等，将"诚实劳动"提升到劳动者的义务与使命的高度，从更深层次意义上提高学生的劳动素质。

# 劳动教育的重要性和必要性

### 一、劳动教育是马克思主义教育思想基本点

劳动教育是马克思主义教育思想基本点，是素质教育的一项关键内容，列宁说："教育与劳动相结合是实现机器大生产必要条件。没有年轻一代的教育和生产劳动相结合，未来社会的理想是不能想象的，无论是脱离生产劳动的教学和教育，或者是没有同时进行教学和教育的生产劳动，都不能达到现代技术水平和科学知识现状所要求的高度"。劳动教育是学生走向社会参加生产建设的必要准备。在现阶段，我国中学生负有双重任务，既要为高一级学校培养合格新生，又要为我国现代化建设中的各行各业输送有社会主义觉悟、有文化、爱劳动、会劳动的社会生产后备力量。而且随着高校的扩招，就业形势改变，职业种类的变化，即使是大学毕业生也将有大多数从事基础性的技能劳动，这就更加要求我们重视劳动教育，加强在学生劳动技能上和思想品德上的培养。

### 二、劳动教育在素质教育中的作用

在学校，劳动教育常与德智体美教育有着极为密切的联系，如劳动技术教育与智育，劳动思想教育与德育，劳动健康与体育，劳动创造教育与美育都有着密切联系。因此劳动教育在学校教育教学中，应当成为重要组成部分。劳动教育也是我国革命传统教育的重要内容，中国新中国成立后，学习苏联教学把劳动教育列为全面发展的重要组成部分，形成了德、智、体、美、劳五育并举教育体系。将劳动教育列为整个教育体系的组成部分之一，就是因为它有独立存在的意义和作用。在片面追求升学率的社会大环境下，上大学成为学生和家长的唯一希望，不但表现在学生中也体现在家长身上，因而加强劳动教育势在

必行。为贯彻落实德智体美劳全面发展的教育方针，为了培养学生的实践能力和生活能力，为了解决现实中存在的问题，把劳动教育纳入教育的重要组成部分，是一项必要的而且是有益的措施。全面贯彻党的教育方针，坚持为中国特色社会主义现代化建设服务、为人民服务，培养德智体美劳全面发展的社会主义建设者和接班人，必须走教育与生产劳动、社会实践相结合的道路。

劳动教育是素质教育的重要内容。劳动教育在学生手脑结合上，实践能力、创造能力、创新能力的培养上起着重要的不可替代作用，是学生终身学习和发展的基础性教育。劳动教育使学生树立正确的劳动观、价值观、人生观。劳动教育能培养孩子热爱劳动和尊重劳动人民的精神品质。劳动教育的作用可以说影响到教育的各个方面，影响到学校工作的各个方面。忽视劳动教育的学校，不是真正实施素质教育。劳动教育是衡量素质教育的重要标准，是验证素质教育的试金石。

# 劳动教育的基本内涵与特征

## 一、劳动、实践、活动的概念

劳动，是人类实践活动的一种特殊形式，多指创造物质财富和精神财富的活动。在《中国大百科全书（哲学卷）》中，劳动被定义为"是人类特有的基本的社会实践活动，也是人类通过有目的的活动改造自然对象并在这一活动中改造人自身的过程"。在经济学中，劳动则是指劳动力（含体力和脑力）的支出和使用。

实践，是重要的哲学范畴，就是人们能动地改造和探索现实世界一切客观物质的活动，实践具有客观性、能动性和社会历史性等基本特征。实践的主要形式包括改造自然的物质劳动、改进社会关系的社会活动，以及探索世界奥秘的科学探索活动等。实践的主体是人，实践的手段就是人所创造的工具的应用，实践的对象则是人接触、改造的一切客观对象。换言之，实践是主体和客体的中介，是主观见之于客观的感性过程。

活动，一般是指人类有目的的运动，更多指的是一种日常词汇，而最广义的活动概念则指人类的一切运动形式。活动当然包括物质实践活动，但思维或者精神的运动也是活动的类型之一。实践、劳动都是活动的类型。

概而言之，活动、实践、劳动，是前者包含后者的关系。而劳动，可以视为社会实践活动的一部分，或者社会实践的特殊形式之一。

## 二、劳动、实践、活动的教育内涵

劳动、实践、活动在教育语境中的内涵，则与"劳动教育""社会实践活动""活动课程"等概念的具体使用有密切联系。

　　"劳动教育"是以促进学生形成劳动价值观（即确立正确的劳动观点、积极的劳动态度，热爱劳动和劳动人民等）和养成劳动素养（有一定劳动知识与技能、形成良好的劳动习惯等）为目的的教育活动。劳动还与"劳动技术教育""通用技术教育"等概念相关。不过"劳动技术教育"较强调技术的学习，与职业定向存在更密切的关联；"通用技术教育"则是开展基础技术教育的课程形式，"通用技术"是教育重点，"劳动"已不是其核心内涵。换言之，劳动教育是面向所有教育对象的普通教育，而"劳动技术教育""通用技术教育"两个概念中虽也有"劳动"的要素，但较多指向具体技术或者通用技术的学习等，强调的重点有显著差异。

　　"社会实践活动"一般指学校组织学生走出校门，以了解社会、服务社会为目的的教育活动。了解社会的活动包括参观、访问、调查等，服务社会则包括劳动体验、志愿者活动等。"社会实践活动"的教育功能虽然是全方位的，但是一般认为其核心价值在于有助益学生的德育。因此，社会实践活动常常被看成是学校德育的重要途径之一。

　　"活动课程"又称经验课程、"儿童中心课程"，一般是指以儿童"活动"的动机及线索来组织的课程形态。在活动课程的概念里，"活动"具有强烈的儿童主体性，但是其内涵与"生活"概念较为接近，是一个十分广泛的范畴。换言之，"活动"并不专指"劳动"。

　　在教育情境中，活动、实践、劳动之间，除了包含（前者包含后者）关系，三个概念还有因为使用的教育情境而产生的特定含义。劳动是学生参与的社会实践活动的形式之一，劳动、实践两者的重点都指向教育活动所要养成的素养目标，具有一般或者普通教育含义与教育价值，而活动则是指儿童生活与学习的一种形式，指向教育活动的形式、结构安排等。

### 三、劳动精神、劳动价值、劳动素养

#### 1. 劳动精神

　　"精神"一是指"人的意识、思维活动和一般心理状态"，另外是指"（人）所表现出来的活力"和"活跃、有生气"。劳动精神，则主要指人们对劳动的热爱态度以及劳动者在劳动过程中体现出来的积极人格气质。前者包含对于劳动价值的认识、对于劳动的正向态度以及对劳动者、劳动过程、劳动成果的尊重等。习近平总书记所说的"要在学生中弘扬劳动精神，教育引导学生崇尚劳

动、尊重劳动，懂得劳动最光荣、劳动最崇高、劳动最伟大、劳动最美丽的道理，长大后能够辛勤劳动、诚实劳动、创造性劳动"，即指前者。后者是指对于劳动热爱的态度在劳动主体身上的体现，包括劳动者身上所具有的对于劳动的积极评价、敬业态度、积极性、创造性等。在日常生活中，劳动精神的学习常常与向劳动者尤其是向"劳动模范"学习联系在一起。

2. 劳动价值

价值，在经济学中指体现在商品里的"社会必要劳动"，劳动价值的目的是使用价值产生增值。在哲学中，价值概念则与对事物主体作用的主观评价活动联系在一起，"价值是客体向主体呈现的意义"，与"价值观"密切相连。英文的 Value（价值）也有上述两种含义。除表达事物有用性这个含义外，价值又与"评价""价值观"紧密相关，例如西方重要的教育理论之一"价值澄清理论"里的"价值澄清"，实际上是指对于个体"价值观"的澄清。在教育情境中，劳动价值主要包含"劳动的价值"和"劳动对教育的价值"两个维度。前者指向劳动对于人类生活的有用性及劳动的社会意义，后者则是指劳动对于促进人的全面发展的教育意义。在教育活动中，"劳动价值"与"劳动价值观"是两个相关联但是指向不同的概念。"劳动价值观"不是指劳动本身的价值（劳动价值），而是人们对于劳动价值的主观认识。当人们日常用语所说要帮助学生确立"劳动价值"时，实际所指的是为培育学生的"劳动价值观"。由于"劳动价值观"是指"人们对于劳动价值的主观认识"，是对劳动价值全部主观评价的抽象，培育"劳动价值观"比培养"劳动精神"涵盖的范围更广。

3. 劳动素养

虽然在日常生活中人们常常交叉使用劳动素养、劳动素质，但"素养"与"素质"却是不同的概念。"素质"一般是事物本来的性质，具有先天性，心理学中的素质是指人的神经系统、感觉器官上的先天特点等。而"素养"则是指人的日常（即"素"）修养（即"养"），主要指向后天养成的人格品质。"素质"是中性的、描述性概念；"素养"也有描述性，但常常是规范性概念，具有价值的正面性，"素养"在很多场合与"教养"可以是同义词。当人们说某人没"素质"的时候（实际上是一种概念的误用），并非说某种先天品质的缺失，实际所指乃是正面的"素养"或者"教养"不够。劳动素养，指经过生活和教育活动形成的与劳动有关的人的素养，包括劳动的价值观（态度）、劳动的知识与能力等维度。同时"劳动素养"也具有规范性概念的特征。说某人具有"劳动素养"，实际上指某人具有"好的"劳动素养（教养）。一个有良好劳动素养的人，一方面应当有对于劳动价值的正确认识及积极态度，另外一方面一定也有对于劳动的理论知识与劳动的实践策略的娴熟了解和掌握，有良好的劳动习惯。广义的"劳动素养"包含"劳动价值观"，狭义的劳动素养则专指与劳动有关的知识、能力、习惯等。

### 四、劳动教育的基本内涵与特征

1. 劳动教育的基本内涵

"劳动教育"是以提升学生劳动素养的方式和促进学生全面发展的教育活动。由于"劳动价值观"是劳动素养的核心内涵，"劳动教育"也可以定义为是以促进学生形成劳动价值观（即确立正确的劳动观点、积极的劳动态度，热爱劳动和劳动人民等）和养成良好劳动素养（形成劳动习惯、有一定劳动知识与技能、有能力开展创造性劳动等）为目的的教育活动。

在劳动价值观方面，劳动教育要努力帮助教育者确立正确的劳动观点、积极的劳动态度（即具有"劳动精神"），拒绝"好逸恶劳""不劳而获"等错误的价值观；帮助劳动教育者形成尊重热爱劳动过程、劳动成果和劳动主体（劳动人民）的价值态度。

在养成良好劳动素养方面，劳动教育要特别强调：

其一，促进学生具备一定劳动知识与技能，成为全面发展的人；

其二，发展学习者创造性劳动的潜质，成为新时代所需要的创造性劳动者；

其三，形成良好的劳动习惯，成为"流自己的汗、吃自己的饭"有尊严、有教养的新时代公民。

2. 劳动教育的基本特征

劳动教育作为以提升学生劳动素养的方式促进学生全面发展的教育活动，有如下基本特征：

第一，劳动教育具有普通教育的特征。劳动教育旨在落实全面发展的教育方针，具有普通教育的属性。从马克思主义经典作家开始，"教育与生产劳动相结合"等劳动教育命题的着眼点就是培育学生在体力、脑力上均获得全面发展的人。劳动教育具有立德、益智、健体、育美等较为全面的教育功能。虽然职业教育往往包含较多的劳动教育成分，但是劳动教育却是覆盖不同教育类型的教育形态，职业教育、普通教育、大中小幼不同学段的教育，都要开展劳动教育。由于这一普通教育的属性，劳动教育在基础教育阶段具有更为重要的意义。

第二，劳动教育具有价值教育的属性。劳动教育区别于当代社会以发展基础技术能力为核心目标的"通用技术教育"等概念。劳动教育所要培育的劳动素养，当然包括形成劳动习惯、有一定劳动知识与技能、有能力开展创造性劳动等，但劳动价值观才是劳动素养的核心。虽然劳动教育的开展离不开具体的劳动形式以及专门劳动技术的学习，但真正健康的劳动教育则应当特别注重核心目标的达成，即努力帮助学生树立正确的劳动观点、积极的劳动态度，努力帮助他们形成尊重热爱劳动过程、成果和劳动主体的价值态度。

第三，劳动教育具有强烈的时代特征与社会属性。由于人类劳动的形态处在不断演进的过程之中，劳动形态也在不断变化，具体表现为脑力劳动的比重不断增加、新形态的劳动不断形成。所以不能把劳动教育狭隘地理解为简单的体力劳动锻炼。劳动教育应依据劳动形态的演进而与时俱进。通过创造条件让学生参加服务形态的劳动、创造性劳动等，形成当代劳动教育的新方向。此外，劳动价值观形成的基础是社会大众对劳动价值的真实确认，若社会没有尊重劳动的分配机制与舆论氛围，学校的劳动教育必然孤掌难鸣，难有实质成效。因此，学校必须与家长和社会携手合作才能取得劳动教育的实效。开展劳动教育时，一要特别注意"劳动新形态"；二要关注"劳动教育新形态"。前者要求我们注意避免将劳动仅仅理解为"生产劳动"，或者经验性地理解为工业、农业劳动等"体力劳动"的有限形态，而要与时俱进，特别关注消费性劳动、创造性劳动、复合性劳动等新劳动形态。后者则要求我们注意：劳动教育不能仅仅被理解为简单的认知性学习（"进课堂"），而应当特别关注各学科的间接教育、隐性课程等教育形式，特别注意综合课程、实践性学习、社会服务、终身学习、智慧学习等教育理念的落实。

第四，新时代劳动教育的整合性。单一形态的劳动教育实践难以承载新时代劳动教育功能的实现，当代劳动教育必须走向整合性的实践路径。具体而言，劳动教育要把直接劳动教育和间接劳动教育、学科劳动教育和活动劳动教育、个人劳动教育和集体劳动教育、校内劳动教育和校外劳动教育多形态劳动教育充分融合，重视将劳动教育与其他学科课程知识有机结合，构建起整合性的劳动教育实践体系。新时代劳动教育应明确"投身真实世界、付出辛勤劳动、收获劳动成果"的劳动特征，对接学生从事力所能及劳动的主要服务领域为"家庭、工农业生产或实习基地、社会",注重与职业对接,注重创新创造,形成以"生活劳动、生产劳动、服务性劳动"为主要形态,"职业体验劳动、创造性劳动"贯穿其中的整体劳动教育形态格局。

综上所述,今后劳动教育的开展有几点方向性的启示:一是劳动教育不等于一般性的活动、实践,劳动教育的要义在于通过劳动培育受教育者全面发展的人格;二是劳动教育不等于具体劳动技术的学习,劳动教育包括劳动技术的学习,但劳动教育的核心目标应当是劳动价值观的培育;三是劳动教育包括但不等于体力劳动锻炼,那种有意无意将劳动教育等同于 20 世纪五六十年代"学工、学农"等劳动教育旧形态的思维,已经无法适应新时代中国特色社会主义建设的社会实际。在新时代发展形势下劳动教育应当作为学校的重要课程并且要落实落地。

### 3. 劳动价值观

德智体美劳全面发展,既是对人的素质定位的基本准则,也是人类社会教育的趋向目标。

尽管我们的教育目标是德智体美劳全面发展,但是在应试教育的语境之下,无论是学校教育,还是家庭教育,在教育的五个维度中,劳动教育被淡化了。

劳动是人类的本质特征。首先,劳动是一切价值的创造者,即劳动不仅创造了财富,而且创造了人类自身和人类的全部文化。因此,劳动以及劳动者具有"无上光荣"的价值。其次,劳动者反而被自己所生产的产品、生产过程、劳动价值符号(如货币)等劳动要素所奴役的劳动价值异化,应当通过社会变革予以规正。再次,劳动是脑力与体力的统一。

劳动教育最核心、最本质的价值目标是:培育学生尊重劳动的价值观,培育受教育者劳动的内在热情与劳动创造的积极性等劳动素养。

正如马克思在《资本论》(第一卷)中所说:"未来教育对所有已满一定年龄的儿童来说,就是生产劳动与智育和体育相结合,它不仅是提高社会生产的一种方法,而且是造就全面发展的人的唯一方法。"

苏霍姆林斯基也说:"一个人的和谐全面发展、富有教养、精神丰富、道德纯洁……所有这一切,只有当他在智育、德育、美育和体育素养上,在劳动素养、劳动创造素养上达到较高阶段时,才能做到。体力劳动对于小孩子来说,不仅是获得一定的技能和技巧,也不仅是进行道德教育,而且还是一个丰富的思想世界。"他所在的帕夫雷什中学的教育理念是,把大自然所赋予和人所能做到的一切都尽可能充分地用于人的和谐、全面发展。

　　课程体系是一个学校的核心育人载体，劳动教育必须融入学校课程体系。劳动教育的实现形式，可以是劳动技术课、通用技术课等独立课型，可以是社区服务、社会实践等综合实践活动，可以是园艺、陶艺等校本课程。

　　劳动教育其实就是一种生活教育，而且是一种最好的生活教育。学生在劳动中获得一些生活体验，以及从劳动中获得生活的乐趣，培养一种现代新生活的态度与方式，既是今后生活的需要，也是未来生存的需要，更是让其生命更好地发展的需要。

　　雅典人曾说，"我们的勇敢是从我们的生活方式中自然产生的"。苏格拉底所采取的生活方式，都是为了锻炼自己的心灵和身体。

　　让教育与生活结合起来，才能让学生享受学校与社会、知识与世界、理想与现实、肉体与精神等相统一的整体性生活。

# 第二章

## 当前中小学校劳动教育存在的问题

# 对中小学生劳动观念和劳动情况的调查分析

## 一、劳动教育的现状

吃完饭，把剩着饭菜的碗筷一推；洗完澡把换下的脏衣服一扔，做完功课把书本往桌上一摊……这几乎成了当代孩子们的习惯，从城市到农村，中小学生的劳动观念已经逐渐被挤出家庭，挤出学校，挤出社会。在家庭中，无论是繁重的体力劳动，还是简单的家务劳动，基本上都是由家长一手包揽。在学校除了教室及周边环境区域的卫生需要学生打扫之外（有的学校已经不是学生打扫，而是专门的卫生保洁人员打扫），其他的劳动学生几乎不沾边。如今，我国中小学生的劳动观念非常淡薄，劳动态度非常冷漠，劳动表现非常懒散这已经屡见不鲜。

## 二、中小学生日常劳动情况的调查分析

近些年来，我国中小学生劳动"答卷"一直令人担忧。各媒体不断报道有关当代中小学生劳动意识淡薄，劳动能力差的现象。如：近些年上海某著名大学对录取的新生中有60％以上的人会自己整理内务的调查，许多大学生在入学前没有亲手洗过一件衣服，高分低能高分低能的学生在大学中非常普遍。社会的精英尚且如此，其他人也大多如此，现实也是如此。某县妇联对该县一所重点初一年级的学生做过一次调查，测试结果表明：从来没有洗过一件衣服的占67％，不能叠好自己的被子、衣服占75％，不会和不敢使用煤气灶、洗衣机和电饭锅的占54％。看了这样一些学生的劳动"答卷"，我们不得不忧虑。劳动这种人类存在的最基本素质，中华民族最为优良的品质，正遭到某些因素的削弱与侵蚀。许多中学生即使跨入成年人的行列，成家立业之后，连最基本的生

活自理能力也比较欠缺，不是"啃老"，就是因为家务事打架离婚，种种现象很常见，从种种调查报告和现实分析研究可以看到，孩子们的劳动观念正日趋淡薄，中小学的教育陷入很大误区。问题出在孩子身上，责任应在国家、社会、家庭层面以及学校教育。针对现在的中小学生独生子女较多，家长的娇惯和溺爱，学生在家中多是饭来张口、衣来伸手，唯我独尊，生活自理能力很差。

贵州省道真自治县民族中学开展了一次对学生参加家务及社会劳动情况的调查，并对调查结果进行了分析。调查对象是八年级 193 名学生，其中男 98 人，女 95 人。

问卷调查：

（1）为什么不爱劳动？

劳动应该是大人做的 57 人，占 29.5%；懒得动手的 46 人，占 23.8%；父母把家务都包了的 42 人，占 21.8%；影响学习的 45 人，占 23.3%；其他 3 人，占 1.6%。

（2）父母对你参加劳动的态度如何？

只要学习搞好了，其他的不用你管的 80 人，占 41.5%；上学是为了让你升学，为了你的前途，不是为了你要参加劳动的 52 人，占 26.9%；读书就是为了不劳动的 26 人，占 13.5%；爸爸妈妈怕伤了我的身体的 29 人，占 15.0%；其他 6 人，占 3.1%。

（3）你对学校开设劳动教育课有何看法？

可以学点劳技知识并且还参加锻炼的 46 人，占 23.8%；劳动课对我们没多大作用的 62 人，占 32.1%；无所谓的 36 人，占 18.6%；怕耽误学习不想上劳动课的 49 人，占 25.4%。

（4）在家是否参加家务劳动？

经常参加家务劳动的 23 人，占 11.9%；偶尔参加家务劳动的 58 人，占 30.1%；从没有参加家务劳动的 112 人，占 58.0%。

这次调查对象点小面窄，不能代表当今中学生劳动教育的全貌，但它至少说明了一种倾向，当今中小学生劳动及劳动教育的欠缺。在这点上，是具有代表意义的。

从局部到一般，从个别现象可知大概，我们可以看到当今的中小学生在对待劳动、劳动锻炼上存在很大的思想和行为上的偏差，问题是非常明显的：中学生普遍较少参加劳动，即使参加也仅仅是家务劳动。问卷调查的数字表明，经常参加家务劳动的 23 人，只占学生总数的 11.9%，而从不参加家务劳动的则占 58.0%；总体上学生对劳动的热情很低，甚至厌恶。认为劳动低下、懒得动手、影响学习；学生家长对学生参加劳动，包括家务劳动和在校劳动的态度相当消极，学习就能代替一切。自私自利、等级观念等思想的影响，使得本来就生长在优越物质条件中的孩子们从小就形成了厌恶劳动的思想，这种现象是不容忽视；学校对学生参加劳动持消极态度。多年来由于升学竞争，促成了学校只重视考试学科教学管理，而忽视了体育、美育、劳动教育的现象相当普遍。劳动课排在课表上形同虚设，时上时不上，甚至根本不上；很少组织学生参加劳动，甚至学校的环境卫生劳动都由专门的卫生保洁人员承担，这不能不说是教育的缺陷。学生懒得动手、不会动手、综合能力低下，跟这种残缺的教育关系相当密切。这一系列的调查令人触目惊心，一串串数字令人不寒而栗，设想未来的时代，我们的社会让这部分孩子承担的责任将变成什么样子，结果无可预知，前景令人担忧。

教育，一个很大责任就是要让孩子们享受完整教育生活。但在现实之中，为了急功近利，学生们生活得既不幸福，更不完整。他们失去了人生中最美好时光，只挣扎在枯燥书本和无谓的知识中，到头来学的知识远不能为他的人生加分。单纯追求应试教育绝不是好的教育。教育只有将学生动手实践能力和知识有机结合起来，学生才能在不断的实践中得到充分锻炼，获得成功感和满足感，才会让他们不断看到希望，坚定走下去的决心，这样的人才是一个真正成功人。

# 劳动教育被忽视的原因

　　现在中国的家庭教育和中小学教育中并没有很好地重视劳动教育这一点。学校更多的是重视学生的学业成绩和课堂表现，以分数的高低来评价学生的优劣，很多学校将劳动课让位于所谓的"主科"，目的是想增加学生的课本知识的学习时间，却失去了以实践活动来锻炼孩子意志力的机会。等到学生毕业就业的时候，大家都急于选择条件优越、环境优美的城市，而很少有人自愿去西部农村或偏远地区工作，其原因在于不能忍受艰苦的自然环境和工作条件，另外还在于缺少艰苦奋斗的意志力。多数毕业生只想稍微付出体力和脑力就得到高薪、轻松的工作，说到底这是缺乏吃苦精神和独立劳动能力的表现。

　　忽视劳动教育，致使孩子与劳动人民的感情上发生扭曲，不尊重劳动人民，甚至会形成看不起体力劳动者的坏思想。某中学的一个孩子课间不慎将手表掉入便坑中，急得让一位清洁工用手帮她掏出来，还给了她。没想到她转身就走了连"谢"字也没有，同学问她："你怎么不好好谢谢人家？"她居然说："谢什么，她就是干这个的。"一些孩子对劳动者的漠视显而易见。没经历过劳动锻炼的孩子往往不懂得劳动成果来之不易，他们根本不知道幸福生活是通过辛勤创造出来。他们不爱惜劳动成果，不知道那些劳动成果凝聚着劳动人民的血汗。有不少孩子花钱大手大脚不爱护东西，攀比浪费现象相当严重。

　　另一个负面效应，让我们看一项调查结果：在某市 8 个区 2500 多名中学生中竟有 5.85％的孩子曾有过自杀计划，其中自杀未遂者达到 1.71％，有 24.9％中学生曾有"活着不如死了好"的想法，其中，曾认真考虑过该想法的人数也达 15.23％。现在，家庭、学校、社会评价学生唯一标准就是分数。即使二胎政策放开（但现在学生中大部分是独生子女），如果从小不进行劳动技能和生活自理能力的训练，长大后是经不住困难和挫折考炼的。现在的大学生就业频繁跳槽，稍有困难就选择逃避，为金钱随意放弃自己曾经的职业理想和手头的工作。从社会角度看，一方面造成了人力和资源的浪费，另一方面还造成了社会的信任危机，影响了市场秩序和经济发展的良好氛围。

分析今天在丰盈的物质生活氛围中成长的学生，许多不良的道德心理品质，大多数都可以直接或间接地从缺少劳动教育中找到根源。因此，加强中学生的劳动教育，不是一家一户的问题，它关系到我们国家的前途和命运。一代一代的青年如果不爱劳动，将后患无穷。

古代巴比伦消亡，与其民族好吃懒做有着直接的关系。美国哈佛大学的一些社会学家、行为专家和儿童教育专家对波士顿地区 456 名少年儿童 20 年跟踪调查发现，爱干家务和不愿干家务的孩子进行比较，长大后失业率之比为 1∶15，犯罪率之比为 1∶10，平均收入前者比后者高出 200％，诸如离婚率、心理疾病患病率等也明显低。专家们分析说，从小让孩子做些家务，能培养孩子吃苦耐劳、珍惜劳动成果、尊重亲情关系、尊重他人等诸多优秀品质。因此，在这个问题上我们决不可熟视无睹，决不能说起来重要，做起来次要。在中华民族五千多年的光辉悠久文化中，古圣先贤们以自己的亲身行动给劳动赋予了神圣无比的意义。由于劳动教育涉及的是育人问题，涉及能否把学生培养成社会主义现代化事业的建设者和接班人的问题，它的地位和作用已远远超出教育的范畴。将最终关乎一个国家的前途和民族命运的大事。看似与劳动教育毫无瓜葛，实则证明了现在中学生意志力非常脆弱，这应该成为教育反思的一个问题。因此，我们的教育应该培养青少年儿童吃苦耐劳的精神和坚强意志力，要为孩子们在未来的千变万化的社会中经得起风吹雨打，受到了挫折。要改变这一极端的现象，促进儿童健康成长、促进社会的良好发展，那必须从劳动教育入手。

# 劳动教育被等同于德育

## 一、德育处是劳动教育的主管部门

我们国家 1985 年教育部提出要在普通中学开设劳动技术课，进行劳动技术教育。其实早就重视起来了，但是三十多年的时间怎么效果不明显，原因何在？劳动教育的最高管理权在学校的"德育处"，劳动教育本应该是一门专门的学科，和学校所开设的其他科目有同等重要的地位，可现在看到却是学校将劳动课形同虚设，只有上级检查和任务的时候才上阵每周一次例行大扫除，安排一节课让各班将本班内外环境区打扫干净，之后接受检查，不干净不合格班级扣分。上级检查突击打扫，迎检合格皆大欢喜。德育处也只是将劳动当作本部门的附庸，为自己部门顺利开展工作服务而已，劳动教育就一直处于这样一种尴尬的境地，需要成立的独立部门都没有成立。

## 二、将劳动作为"惩罚"的手段

由于在认识上把劳动教育归为德育范畴，劳动教育变成学校以分数为标准奖励学生的"专利品"，惩罚学生的手段，劳动教育已经完全变味、扭曲。学生迟到早退"惩罚"扫地一星期，逃课"惩罚"捡垃圾一星期，考试不及格"惩罚"浇树一星期，损坏公共物品"惩罚"冲厕所一周，乱吃零食小吃"惩罚"擦办公室玻璃一星期，劳动与"劳动改造"画了等号。学校里学生什么官都抢着当，就是不想当劳动委员和劳动小组组长。某学校考试公约赫然写道：（1）作弊者，打扫教室一学期；（2）协同作弊者，协助打扫教室一学期；（3）考试不及格者，打扫教室一个月；（4）补考仍不及格者，打扫教室两个月。家长则常常拿孩子不学习，将来就当清洁工、建筑工或笨重搬运工来警戒教育孩子。劳动教育在我们的教育体制中就扮演着惩罚的角色，教育体制将劳动教育一步步地推向教育的对立面，这不是我们教育的初心。学生在不断地"折磨"中，对劳动的反感程度日益加深，怎么能谈得上热爱劳动呢？

# 劳动教育被空置化

过分强调劳动的体力性教育，必然使体力劳动和脑力劳动对立起来。轻视脑力劳动的科学实践性，最终使教育游离于学生身心发展的内在需求之外，游离于学校的教育教学之外，劳动教育成了外在强加于学生的东西，成了受奴役和受苦而走向了学生的对立面。因而，鄙视、厌恶、不热爱劳动，以各种借口逃脱劳动、不尊重劳动及其成果等现象比比皆是。

通过评估活动及我们多次调查了解，当今中小学劳动教育存在的问题，一是劳动教育基地普遍缺乏。按标准化学校建设工程要求，城市中小学要有实践场所，农村初中要有劳动教育田地。仅这一点多数校还达不要求，由于社会经济结构的变化，企业转制，曾经的校办工厂、校办农场、校田地几乎都消失了，即使个别学校还保留也全部转租出去。多数农村中小学是见得到田地而见不到学生的身影，自家田地都无人种。　现在的学校只要文化课上得好、升学率高，家长就欢迎、社会就叫好，就能一俊遮百丑。有的学校竟然说，正常教学还抓不过来，哪有时间搞劳动教育。在调查关于劳动教育中，关于劳动教育多数学校根本没有开设这门课程，即使有劳动课也是经常被挤占。各科教学基本与劳动教育脱离，有些教师甚至把劳动作为惩罚学生的手段。二是劳动教育观念在家庭中十分薄弱。多数孩子在家庭中几乎与劳动无缘。除了学习之外，大小事情基本由父母包办。有些母亲竟然哭诉说，我们这个孩子从小到大连自己袜子都没洗过，上了大学可怎么办呢。一个学生在学校被班级选为劳动委员竟遭到家长的训斥。许多家长激励学生学习动力时，要认真学习，将来脱离体力劳动，让体力劳动者为自己服务。　三是教师队伍薄弱。劳动教育作为教育的一个重要组成部分，劳动教育和教研没有主管部门，学校没有教研组，也没有受过专门培训的专业教师，大多是其他科目的教师来胜任劳动教育课。四是劳动教育教材缺乏。中学劳动教育没有教材，近几年各地增加投入，组建了不少综合劳动实践基地，购置了不少劳动工具、工作台，设置还比较齐全，但是由于没有教材、没有专任教师，都属于基本闲置状态。五是劳动教育没有计划，没有评估标准，中小学劳动教育安排不上日程。上级无要求，学校就无计划。开什么、开多少、怎么开劳动教育课也没有评估标准，也就无法评估。我们的社会实践活课一年一次，集中军训五天，上两天手工课劳动教育就结束，中考必须要求仅此而已。学生从兴奋中还没有回过神来，一切都归于平静。

# 劳动教育被功利化

　　学校的功利主义教育已经和社会世俗功利化遥相呼应了。社会之弊，逐渐演化为教育之病。受"功利化"价值观念的影响，中小学生一方面表现在不热爱劳动、鄙视劳动、不珍惜劳动成果、不尊重他人劳动，另一方面还表现在劳动经济利益驱动，如今中学生在劳动中不管劳动的结果如何，不给以特定的经济利益回报是不愿意参加劳动的，即使勉强参加了也是消极怠工。在学习活动中，良好的班级氛围，集体协作精神也是为个人的追名逐利，单打独斗所取代；热烈的集体劳动场面，浓郁的集体氛围不见了踪影，孩子们变得那么不可思议的自私狭隘。劳动是人们有意识地运用自己头脑进行社会文化实践活动，劳动教育是应试教育指挥棒指挥不到的领域。"功利"指客观现实满足人需要程度，"功利化"其实是价值选择问题，劳动教育"功利化"也就是劳动教育选择，一般是指对现实利益的追求。如今教育功利化现象已引起人们普遍注视。有人认为，教育功利化就是把教育的目标看作是培养为经济服务的工具，而不是把它看成是造就有素养个体，进而提高整个民族素质。我国教育长期以来，注重外在价值即政治价值和经济价值，忽视教育内在价值即育人的价值，教育的功利化已是不争的现实。近年来，教育研究领域内的素质教育、教育性问题研究、完整性教育的探索等都从不同角度，反思了教育的功利化问题。不可否认教育具有功利化的一面，可以给人们提供升学和就业的机会，可以改变人的社会地位，提高适应能力；同时，教育也有超功利性的一面，承担着陶冶人的情操、提升人的精神境界、确立人的理想信念、打好坚实的基础以及丰富人的个性和文化生活、建立和谐人际关系的功能。可以说，从价值论的角度而言，教育是功利性与超功利性的统一。劳动教育也是功利化和超功利化的统一，这里所谓劳动教育功利化的超越，是指超越劳动教育过度现实化的倾向，在适应现实社会的同时，着眼于作为主体的人本身的培养，实现其超功利化的一面，超越功利化明智之举。"从根本上超越功利化需要树立这样的教育理念：强调的是一种基础、是一种素养、是一种做人功底"。它更应该强调突出对人的未来发展，关怀功利化教育导致教育本质的迷失，"教育要实现的目的是两种，一种是有限的目的，也就是使受教育者具有谋取生存手段外目的；更为重要的目的则是无限目的，超出对人自然存在直接需要的发展之目的，这一目的指向人自我创造、自我发展、自我实现"。

应该说：无限的目的才是教育的本质追求所在，有限目的只是实现无限目的的一种手段。20世纪以来教育功利化色彩日趋浓厚，一味追求有限目的，只教人去追逐、适应、改造外部世界，教人何以为生的知识与本领，但放弃了为何而生的思考，这样，教育不再是使人之为人教育而成了使人之为物教育。教育偏离了其发展的根本意义，抛弃了教育之中超越时代的不变价值，即永恒性价值追求。有限目的不应以牺牲无限目的为代价，人是整个教育的核心和根本，没有人的发展也就没有社会的发展与进步，否则教育为社会服务也是畸形的。

### 一、劳动教育政治化倾向

我国劳动教育政治化倾向由来已久，特别是新中国成立以后，成为改造知识分子、改造人思想的主要工具。轰轰烈烈的上山下乡活动，炼钢铁运动，在当时的社会中有激进负面影响，但空前调动了全国人民的劳动积极性和热情。可现如今劳动教育演化为应付各种检查评比的工具，学校只有在上级检查工作时，社会上掀起某种大规模学习劳动风潮时，需要志愿者在志愿者日做些工作宣传时，政府需要评文明城市验收时，我们才可以看到中小学生劳动的影子，正如一位西部校长说的：学校有劳动教育的，每年三月学雷锋日，我们会组织学生参加和开展学雷锋活动。仅此而已。

### 二、劳动教育的经济化倾向

按照马克思劳动价值论观点，劳动创造价值和财富，具体劳动创造商品的使用价值，抽象劳动创造商品的价值。正在成长的中小学生劳动有其特殊性，是一种潜能教育，是一种注重过程和发展的教育。现如今，学校里的劳动一方面表现在：仅有的公厕都是专人打扫，而擦玻璃学生有安全问题，找专业擦玻璃的人打扫；另一方面表现在：只要是伸手劳动就会讲条件，况且劳动的过程令人心颤，劳动的结果无法描述。学校在无奈的情况下，不惜花钱雇佣大量临时工打扫环境卫生、冲厕所、擦玻璃。这就是看到的中小学的劳动教育。再一方面表现在：许多学校仅有的劳动教育场所已成了学校挣钱创收基地，学生无处劳动，只能黑板上种"秧田"。学生的劳动教育就在社会的经济利益冲击下显得势单力薄毫无出头之日。

### 三、劳动教育为应试教育让路

寻找一切借口回避、躲避劳动。这样做最终结果是劳动只停留在浅层次上。劳动教育作为教育的附庸和摆设，与中小学生距离越来越远，随之而来是中学生不热爱劳动、鄙视劳动、不珍惜劳动成果，不尊重他人劳动。但是长期以来，我们的教育对中小学生进行技术教育的过程中，由于受到传统文化思想观念影响，"先科后技"片面的理念，应试教育对于实践性课程排斥，对技术教育含糊不清的理解等，直接导致了教育中只讲科学知识传授和学习，根本无劳动技术教育。这样，最终导致的结果是：学生缺乏日常生活的最基本的技能和技巧，学生手、脑并用的实践能力差，既无科学精神，也缺乏技术理念和思想。这是我们应该深刻反思教育，为什么我们在国际中学生奥林匹克竞赛中频频获奖，而在诺贝尔奖项颁发中却极少有中国籍中国人问鼎。中西方文化的差异，教育的差异在于此。中国培养的学生理论知识高于动手实践能力，而国外的教育更注重自我的动手实践，理论的取得需要自己去探究，从实践中得出。国外的小学生就强调自己要进行社会实践活动，不明白的问题自己去图书馆查找资料得出结论，形成自己的报告。而我们的教育更多的是让学生走进各种补课班，在反复的讲解中把握规律。实践出真知。在科学技术创新的今天，动手实践能力尤为重要，能力从哪里来？从劳动实践中来。

# 劳动教育缺乏体制上的保障

曾几何时，我们的春游，郊游活动被取消了；学校体育器材"拔地而起"，再不见踪影；现在大规模的劳动早已离我而去；植树，挖土早已和学生没关系，那种轰轰烈烈，热火朝天的场面早已不见。再究其原因，出去野外活动有安全责任，劳动又有安全责任，学生受伤家长不让，社会媒体曝光，不断问责，教育部门、领导、老师都成了惊弓之鸟，学生怕出事故无法交代。我们的教育就越来越局限在固有的校园中，局限在课堂中，局限在老师的反复中。本来，孩子接触大自然、接触社会是最好的生活教育。体制保障是我们教育的依据，国家政策的支持，教育管理部门支持对学校劳动教育起着至关重要作用。在社会媒体的关注下，在网络日益普及的今天，舆论导向有时片面放大个例，以偏概全。教育在众目睽睽之下举步维艰，缺乏制度保障，让高喊素质教育的今天，学生素质越来越差。缺乏制度保障，我们的教育工作者开展工作时，越来越小心翼翼，越来越缩手缩脚，在这个需要创新时代的今天，怎么能培养出创新的人才，要寻求教育上的创新，要振兴中国的教育，就一定要寻求制度上的保障，体制上的保障。在我国好多关于劳动教育的举措落实在笔尖，止步于行动。在许多条条框框的规定上，我们的政策都制定得有根有据，可面对波涛汹涌的应试大潮，我们的劳动教育如此乏力，一起靠边站。面对教育上的巨大差距，国家、社会、家长、媒体都应该以平和心态去反省，地方政府需要加强劳动教育体制保障，正确引导我们的社会、家庭、学校进行劳动教育。

# 劳动教育存在问题的原因

## 一、历史的原因

追根溯源在中国开校教育之先河者是孔子。创私学：设礼、乐、射、御、书、数等称之为"六艺"的课程；以《诗》《书》《礼》《乐》《易》《春秋》等称之为"六书"的做教材；实行有教无类的招生原则及因材施教的教学方法，门下徒弟三千贤者七十有二，他教育领域功德如日月昭天，被称为"至圣先师"。但是孔子反对教育与生产劳动相结合。所以当学生樊迟向他问稼时，孔子批评樊迟没出息。脱离生产，也必脱离工农群众。当孔子周游讲学在异乡迷途问路时，正耕田的长沮、桀溺并不愿意告诉他，认为他是明知不可而为之的顽固孤行者。孔子为什么轻视劳动，与他极力推崇"学而优则仕"的办学宗旨密切相关，他认为读书求学就是通仕之途。由于孔子的影响，"万般皆下品，唯有读书高"的观念留传至今。在中华民族文化教育中仍未衰减。从社会发展的内涵来说，进入新的世纪，新科技出现和迅速转化为生产力，是对社会进步的重要贡献。但是，从社会发展的结构来说，从事脑力劳动的人愈脱离体力劳动的话，那么，即使高科技带来的社会进步，也会被另一种社会灾难所抵消。诚然，在马克思的经济学著作中，曾经把劳动分解为复杂劳动和简单劳动，前者即脑力劳动，后者即体力劳动。并且认为复杂劳动创造价值要大于简单劳动创造的价值。马克思这种分析，是为了把劳动力作为商品分析时而作的论述和区别，并不是就两种劳动存在界限去论证它们之间永恒沟壑的合理性。恰恰相反，马克思和恩格斯都是极力主张人都应该成为既能劳心又能劳力的"全面发展"的人的。因此，他们说："每个人的自由发展，是一切人的自由发展的条件。"恩格斯在《劳动在从猿到人转变过程中的作用》中说："政治经济学家们肯定说：劳动是一切财富的源泉。劳动确实跟自然界一起是一切财富的源泉：自然提供劳动的材料，而劳动把材料变为财富。但是劳动的意义还不止于此，它是整个人类生活的第一个基本条件，并且重要到如此地步，以致我们在某种意义上应该说：劳动创造了人本身。"一个令人忧患的事实，人类的始祖并没有把脑力劳动和体力劳动分离和界限，因此在那时的社会中没有治人者和治于人者，没有剥削和压迫。自从脑力和体力劳动分离以后，才产生了专以治人为职业的劳心者和不得不忍受治人者统治与宰割的劳力者，这样剥削就产生了。

陶行知深感中国的教育问题从根本上说出在农村，占当时全国绝大多数的农村人口的"贫病愚弱"得不到根治，其他一切社会问题解决都奢谈。于是著名教育家陶行知先生径直脱下西服"捧着一颗心"，投身到农村教育改革之中。他充满激情地"呐喊"到："中国乡村教育走错了路——他教人离开乡下向城里跑，他教人吃饭不种稻，穿衣不种棉，做房子不造林。他教人羡慕奢华看不起务农。他教人分利不生利，他教农夫子弟变成了书呆子。"并且一针见血地指出："中国教育之通病教用脑人不用手，不教用手人用脑，所以一无所能。"很多年来，教育与生产劳动是分离的，体力劳动与脑力劳动是分离的，手与脑是分离的，劳力与劳心是分离的。

### 二、现实的原因

由于长期制约着中国教育经济形态始终是以农业为主，因而教育存在的方式必然是同农业社会生产方式和生活方式相适应的。中国封建社会的教育一向是为少数的有权有势的人所拥有，"取仕"是教育唯一目标，教育世界同劳动世界是相分离的。我们都知道孔子这样很伟大的教育家都蔑视生产劳动，这其实也是无法跳出历史局限。教劳分离的传统到了现代社会就必然遇到挑战，现代工商业快速发展打破了原有的经济格局，教育的普及以及教育世界同劳动世界的持续互动成为势不可挡的潮流。

改革开放以来，由于我国的生产力水平较低、经济落后、学生人数多，"穷国办大教育"，教育经费严重不足，教育需求与教育供给的矛盾较为突出。又由于受几千年封建制度的影响，"读书做官""学而优则仕"科举思想根深蒂固，家庭、学校功利化价值导向，教育机会的不平等，择业竞争的日趋激烈等，致使"应试教育"模式定形。学校及家长都围绕升学，片面追求智育，忽视其他方面的共同发展，尤其是劳动素质的教育。很多学校不顾课程标准的要求，长期不开设劳动实践课、劳技课，不注意组织学生参加自我服务劳动，社会公益劳动。大大抑制了学生个性、劳动技能创造性思维的发展，不利于培养学生爱劳动、爱人民、爱祖国的高尚品质和良好的生活习惯。近几年来大学专科院校毕业分配就业困难，其主要的原因：多数人不愿到贫困的地方、艰苦的环境去工作。学工的不愿到生产第一线参加劳动锻炼，学农的不愿与土地、种子、农民结合。还有一些学生因长期衣来伸手、饭来张口，缺乏正确的劳动观、人生观，而追求一种奢侈腐化的生活方式，贪图享受，给社会、学校和家庭带来很大危害。这些现象和问题表明，变"应试教育"为素质教育，加强劳动教育是当务之急。在强大应试教育的惯性面前，中学生几乎是没有劳动可言的，学校借口升学率，挤占、挪用学生应有的劳动时间，家长为了孩子学习好，将来能好出人头地，一切都是包办代替，学生借口学习忙而没有时间劳动，甚至有的学生连洗袜子的活都让家长包办代替。偶尔的劳动也成了为应试作陪衬和铺垫。家长为了孩子能学习好，自己当牛做马也愿意。可怜天下父母心，可孩子能理解几何呢，越来越多的教训不得不令人深思。

# 劳动教育存在问题的解决对策

## 一、国家层面的政策引导

要发挥劳动教育的作用必须抓住几个关键点：

其一，出台科学规范指导纲要 (2020 年 3 月 20 日中共中央 国务院关于全面加强新时代大中小学劳动教育的意见已出台)，按照《意见》制定有效可操作性的考核、评估和督导方案；地方教育行政部门也要出台具体的实施方案，让各级各类学校为劳动教育留出合理时间，重视劳动教育的效果。

其二，要充分发挥高考、中考这两根"指挥棒"对劳动教育的引导作用。通过高考、中考中合理增加有关"劳"的内容，有效引导家庭教育补上劳动教育短板，从"指挥棒"入手，抓住牛鼻子。

其三，要加大经费投入，推进劳动教育的设施设备、劳动教育基地、劳技教室、师资培训等等建设。将劳动教育纳入全面培养教育体系 ，《中共中央国务院关于深化教育教学改革全面提高义务教育质量的意见》发布会上，教育部副部长郑富芝表示，劳动教育是当前整个教育体系当中的短板，因此必须加强。该《意见》在劳动教育上单独列了一条，作为"五育"之一，德智体美劳单独表述。郑富芝表示，提出"五育"并举，将劳动教育纳入全面培养的教育体系，强化了劳动教育的地位。

其四，加强制度建设，制定两个文件，一是关于加强大中小学劳动教育的指导意见 (《中共中央国务院关于全面加强新时代大中小学劳动教育的意见》已出台)，进行顶层系统设计。二是制定大中小学劳动教育纲要( 教育部已出台)。通过制定劳动教育的指导纲要，明确具体内容和实施要求，确保劳动教育能够落地。在义务教育阶段，最关键是要调整、优化课程设置，要把劳动教育作为义务教育阶段的必修课，要有专门的劳动教育课时，有具体的时间规定和要求，按照规定和要求开足开好劳动教育课。要创新劳动教育形式。时代在变，劳动教育和过去十年、二十年前有很大不同，要提高劳动教育的针对性，适应时代发展的特点。社会和时代在变化，劳动教育要有新的形态，要针对城乡劳动教育资源的特点，结合不同年龄段孩子身心发展的规律和特点，开展相应形式的劳动教育。  开展劳动教育必须要有一定场所，学校在把已有资源用好用足的同时，由各级政府根据学校劳动教育的需要划拨一定量的田地、山林、草场作为劳动教育的实践基地，创建一批劳动教育的试验区，还要规定在农村地区为城镇地区的学生参加农业生产、工业体验的劳动教育提供方便。学校要随着时代发展而不断丰富和创新劳动教育课程。

### 二、创设热爱劳动的环境氛围

#### 1. 营造良好的校园环境

营造良好的校园环境，可以让学生在社会化、人性化和科学化的校园环境中潜移默化地受到劳动教育。例如在校园环境建设中注意营造劳动教育氛围，精心设计"劳动教育"园地，使校园形成潜移默化和具有导向性的劳动教育场所，使全体师生了解劳动教育的基本内容、要求和重要意义，形成"人人知劳动"的良好氛围，为"人人爱劳动"打下舆论基础。

第一，讲解说教，形成热爱劳动导向。利用班队会，开展以热爱劳动为主题的班队会，展开讨论，深入理解什么叫"劳动"？怎样做才算是热爱劳动。教师可以给学生讲古代名人爱劳动的故事，还可以讲近代名人的劳动故事，再是选择我国传统文化中有关爱劳动、良好行为习惯等内涵的古诗文。在学生中开展诵读古诗文活动，利用古诗文好读易记，诗文典故容易理解的特点，对学生进行中华传统劳动美德教育，使学生从小在朗朗的诵读中受到我国传统劳动美德熏陶，体会自己的行为，增强诚信意识。

第二，榜样激励，树立热爱劳动的意识。学生都具有模仿榜样的特点。教师的言行举止、思想品质，是学生学习、模仿的榜样，教师的言行对学生起着不可估量的潜移默化的作用。教师在教育工作中应以身立教，以德育德，以行导行，用爱和真诚感染学生，用言和行引导学生，用自身的劳动行为来为人师表；学校还要充分利用现实生活中有关热爱劳动的典型案例、典型人物、先进人物，通过报告会、座谈会，上门参观、走访等形式，感受劳动对一个人成长的重要性。

第三，创设热爱劳动的班级环境氛围。热爱劳动是我国社会主义公民道德建设实施纲要的重点内容，是做人的基本道德准则，因此除学校创设热爱劳动的环境氛围外，在班级也要创设热爱劳动的环境氛围。如在班级开展一些有关劳动的主题班会："每天10分钟家务""我们也参加种菜""抢收蔬菜""雨中栽秧""粉刷教室""整理小房间""养出最美的花""每人一个口袋，随时弯弯腰""爸妈做我们的裁判""我不甘落后"等劳动。种种劳动实践活动，会使孩子们再也不娇气，成为爱父母，爱班级，爱学校，爱劳动的好少年。开展"学习身边人，评点身边事"的演讲；开展"我家爱劳动小故事"创编和讲劳动故事比赛；评选"班级劳动之星"；举办"劳动主题手抄报"等多种形式活动对学生进行热爱劳动教育，使"热爱劳动，劳动光荣"思想意识扎根学生心里。

2.创设家庭劳动环境

人不是孤立存在于世上的，是社会中人，因此他总要在一定的环境中生存。学生，尤其是中小学生，生活的主要环境是家和学校，除了在学校接受教育外，家庭教育也很重要。对学生进行劳动教育也是如此，需要家长的密切配合。因此我们利用家长会、班级微信群、校讯通，建议家长在家做到：

（1）给孩子机会，让他们尝试劳动。当孩子对某件事感兴趣时，家长要及时引导，大胆放手，让孩子在实践中学会劳动。

（2）给孩子一段时间，学会劳动。家长要有足够的耐心，等待孩子学会劳动。开始会出现帮倒忙的现象，家长要接纳孩子从不会到会的渐进过程。

（3）给孩子一个方法，学会劳动。家长开始要教给孩子劳动的技巧，使孩子能胜任劳动。可以用游戏的方式引导孩子进入角色。

（4）给孩子一个要求，贯彻到底。提出要求和任务，家庭成员要形成统一战线，坚持贯彻到底。

（5）给孩子一个规则，体味劳动。制定一个劳动奖罚规则，让孩子能看到自己劳动带来的荣誉，也能体验懒惰带来的后果，促使孩子最终爱劳动，自觉劳动。

"劳动是一种无与伦比的欢乐。"有研究表明：2～4岁是儿童生活自理能力和良好生活习惯初步养成的关键期。教育者（包括家长）应抓住这个时期让孩子做一些力所能及的事情，培养其生活的自理能力，培养其爱劳动和良好的生活习惯。从儿童心理发展规律看，年龄越小越单纯，可塑性越强，越容易接受各种影响和教育，此时培养孩子的自理能力及习惯越容易成功。儿童从很小的时候起，就应该从事简单的劳动，要让他们从小习惯于做各种力所能及的事情。对幼儿来说，适合于他们的劳动主要是日常生活中的自我服务性劳动，如：自己穿脱衣服，把衣服手帕叠整齐，独立地进餐和刷洗等。孩子稍大一点后，可以教他们为家人服务，学做一些家务活。也鼓励他们为班集体做一些事情，可以让他们负责管理一盆花，打扫教室、卫生责任区，参加大扫除。这些劳动需要孩子付出较大的努力，掌握一些劳动的技巧，因此需要成年人随时提醒、检查和帮助。当孩子通过自己的努力完成了劳动任务，看到自己的劳动成果，就会体验到那种快乐。

当孩子具备了一定的文化知识和自制能力，依赖性减少，许多事情都想"自己做"时，我们应抓住这一良好契机，在指导劳动实践活动时加强劳动情感教育，寓情感教育于劳动中。对学生的劳动实践活动不能包办代替，不能束缚他们的劳动积极性和自主性，应当大胆放手，真正发挥学生在劳动实践中自我教育的作用。

学校教师在指导学生的劳动实践活动时，应侧重于引导，让学生由"自我服务"劳动及时转到以"自主""自制"为实践主题的劳动上来。以此来提高学生自立的信心，进而培养学生自主、自治的能力。教师的指导一定要留有余地，把握好尺度，尽可能多一些"悬念"，要给学生多动脑、动手的机会。同时注意发挥每个学生的积极性，多鼓励学生动脑、动手，想方设法去克服困难完成劳动任务。激励学生在完成任务中锻炼自己的毅力，培养意志力。

劳动是一种付出，付出智慧和汗水，得到比物质更重要的东西，即精神上的一种满足。良好的劳动素养促进孩子的全面发展，是孩子学好本领的最好途径，能让孩子在童年时代健康、快乐地成长！

3. 将劳动教育思想渗透于各科教学

苏霍姆林斯基创立巴甫雷什中学的劳动教育原则给我们提供了成功经验。劳动教育与德育、智育、体育、美育相结合。劳动中要使个性得以发挥、显露和发展。有崇高道德及明确的公益目的性。尽早参加生产劳动。劳动要多样化。劳动的经常性和连续性。少年儿童中要带有成年人生产劳动的特征。具有创造性，坚持手脑并用。劳动教育的内容、技能和技巧要相互衔接。注意生产劳动的普遍性。注意劳动教育活动的量力性。要同多方面的精神活动相结合。

当然，巴甫雷什中学劳动教育特点、原则上要结合我国学校实际情况进行借鉴，不能照搬照抄。此外还有一点需要指出的是，社会对学生劳动成果有时也会给予一定报酬，这是社会对所创造价值的承认，但学校绝不能以此作为劳动目的。学生所创造的产品可能参与商品流通，但学校组织的劳动教育不应脱离劳动教育的目的。过早弃学经商的学生必然会被狭窄的范围、实际事务的忙碌以及纯粹追求个人金钱利益所局限。在这种情况下完全谈不上劳动中的高尚审美情趣和道德向往。我们的教学，各学科老师应结合学科实际充分挖掘学生的动手实践能力。如生物课：我们就可以带着学生一起栽种一些作物，每个学生建立自己的作物成长手册，记录作物发芽、生长、开花成熟的时间、成长特征、所遇问题、解决方案、成效等。又如：物理化学实践性强的科目，劳动实践时间非常多，学生还感兴趣，就要安排学生自己动手制作实验器材，自己设计实验，亲自动手做实验。如果每个学科都贯彻协调统一，我们的学生何愁没有兴趣，何愁不交作业，何愁学不好管理。

总之，劳动是人类生存、社会发展的基础。劳动可以培养出"全面而和谐发展的人""真正幸福的人"。劳动可以培养出"合格的公民"。苏霍姆林斯基曾说过，"劳动，当它进入到我们学生精神生活时，它将成为伟大教育的力量。它将给人以友谊和同志关系的快乐；将发展求知精神和欲望；将产生克服困难的激动和快乐；将在周围的世界中发现美；将激起物质财富创造者的最初的公民感，没有这一切人是不可能生活的。让我们这样教育我们孩子，使他们长大成人时，能在为我们的社会主义国家创造财富的、令人欢欣鼓舞和创造性劳动中找到自己的幸福。"

# 第三章
# 劳动教育的指导意见

# 中共中央国务院关于全面加强新时代大中小学劳动教育的意见

2020 年 3 月 20 日

为构建德、智、体、美、劳全面培养的教育体系，现就加强新时代大中小学劳动教育提出如下意见。

## 一、充分认识新时代培养社会主义建设者和接班人对加强劳动教育的新要求

### 1. 重大意义

劳动教育是中国特色社会主义教育制度的重要内容，直接决定社会主义建设者和接班人的劳动精神面貌、劳动价值取向和劳动技能水平。长期以来，各地区和学校坚持教育与生产劳动相结合，在实践育人方面取得了一定成效。同时也要看到，近年来一些青少年中出现了不珍惜劳动成果、不想劳动、不会劳动的现象，劳动的独特育人价值在一定程度上被忽视，劳动教育正被淡化、弱化。对此，全党全社会必须高度重视，采取有效措施切实加强劳动教育。

### 2. 指导思想

以习近平新时代中国特色社会主义思想为指导，全面贯彻党的教育方针，落实全国教育大会精神，坚持立德树人，坚持培育和践行社会主义核心价值观，把劳动教育纳入人才培养全过程，贯通大中小学各学段，贯穿家庭、学校、社会各方面，与德育、智育、体育、美育相融合，紧密结合经济社会发展变化和学生生活实际，积极探索具有中国特色的劳动教育模式，创新体制机制，注重教育实效，实现知行合一，促进学生形成正确的世界观、人生观、价值观。

### 3. 基本原则

——把握育人导向。坚持党的领导，围绕培养担当民族复兴大任的时代新人，

着力提升学生综合素质，促进学生全面发展、健康成长。把准劳动教育价值取向，引导学生树立正确的劳动观，崇尚劳动、尊重劳动，增强对劳动人民的感情，报效国家，奉献社会。

——遵循教育规律。符合学生年龄特点，以体力劳动为主，注意手脑并用、安全适度，强化实践体验，让学生亲历劳动过程，提升育人实效性。

——体现时代特征。适应科技发展和产业变革，针对劳动新形态，注重新兴技术支撑和社会服务新变化。深化产教融合，改进劳动教育方式。强化诚实合法劳动意识，培养科学精神，提高创造性劳动能力。

——强化综合实施。加强政府统筹，拓宽劳动教育途径，整合家庭、学校、社会各方面力量。家庭劳动教育要日常化，学校劳动教育要规范化，社会劳动教育要多样化，形成协同育人格局。

——坚持因地制宜。根据各地区和学校实际，结合当地在自然、经济、文化等方面条件，充分挖掘行业企业、职业院校等可利用资源，宜工则工、宜农则农，采取多种方式开展劳动教育，避免"一刀切"。

## 二、全面构建体现时代特征的劳动教育体系

1. 把握劳动教育基本内涵

劳动教育是国民教育体系的重要内容，是学生成长的必要途径，具有树德、增智、强体、育美的综合育人价值。实施劳动教育重点是在系统的文化知识学习之外，有目的、有计划地组织学生参加日常生活劳动、生产劳动和服务性劳动，让学生动手实践、出力流汗，接受锻炼、磨炼意志，培养学生正确劳动价值观和良好劳动品质。

2. 明确劳动教育总体目标

通过劳动教育，使学生能够理解和形成马克思主义劳动观，牢固树立劳动最光荣、劳动最崇高、劳动最伟大、劳动最美丽的观念；体会劳动创造美好生活，体认劳动不分贵贱，热爱劳动，尊重普通劳动者，培养勤俭、奋斗、创新、奉献的劳动精神；具备满足生存发展需要的基本劳动能力，形成良好劳动习惯。

3. 设置劳动教育课程

整体优化学校课程设置，将劳动教育纳入中小学国家课程方案和职业院校、普通高等学校人才培养方案，形成具有综合性、实践性、开放性、针对性的劳动教育课程体系。根据各学段特点，在大中小学设立劳动教育必修课

程，系统加强劳动教育。中小学劳动教育课每周不少于 1 课时，学校要对学生每天课外校外劳动时间作出规定。职业院校以实习实训课为主要载体开展劳动教育，其中劳动精神、劳模精神、工匠精神专题教育不少于 16 学时。普通高等学校要明确劳动教育主要依托课程，其中本科阶段不少于 32 学时。除劳动教育必修课程外，其他课程结合学科、专业特点，有机融入劳动教育内容。大中小学每学年设立劳动周，可在学年内或寒暑假自主安排，以集体劳动为主。高等学校也可安排劳动月，集中落实各学年劳动周要求。根据需要编写劳动实践指导手册，明确教学目标、活动设计、工具使用、考核评价、安全保护等劳动教育要求。

4. 确定劳动教育内容要求

根据教育目标，针对不同学段、类型学生特点，以日常生活劳动、生产劳动和服务性劳动为主要内容开展劳动教育。结合产业新业态、劳动新形态，注重选择新型服务性劳动的内容。

小学低年级要注重围绕劳动意识的启蒙，让学生学习日常生活自理，感知劳动乐趣，知道人人都要劳动。小学中高年级要注重围绕卫生、劳动习惯养成，让学生做好个人清洁卫生，主动分担家务，适当参加校内外公益劳动，学会与他人合作劳动，体会到劳动的光荣。初中要注重围绕增加劳动知识、技能，加强家政学习，开展社区服务，适当参加生产劳动，使学生初步养成认真负责、吃苦耐劳的品质和职业意识。普通高中要注重围绕丰富职业体验，开展服务性劳动、参加生产劳动，使学生熟练掌握一定劳动技能，理解劳动创造价值，具有劳动自立意识和主动服务他人、服务社会的情怀。中等职业学校重点是结合专业人才培养，增强学生职业荣誉感，提高职业技能水平，培育学生精益求精的工匠精神和爱岗敬业的劳动态度。高等学校要注重围绕创新创业，结合学科和专业积极开展实习实训、专业服务、社会实践、勤工助学等，重视新知识、新技术、新工艺、新方法应用，创造性地解决实际问题，使学生增强诚实劳动意识，积累职业经验，提升就业创业能力，树立正确择业观，具有到艰苦地区和行业工作的奋斗精神，懂得空谈误国、实干兴邦的深刻道理；注重培育公共服务意识，使学生具有面对重大疫情、灾害等危机主动作为的奉献精神。

5. 健全劳动素养评价制度

将劳动素养纳入学生综合素质评价体系，制定评价标准，建立激励机制，组织开展劳动技能和劳动成果展示、劳动竞赛等活动，全面客观记录课内外劳动过程和结果,加强实际劳动技能和价值体认情况的考核。建立公示、审核制度,确保记录真实可靠。把劳动素养评价结果作为衡量学生全面发展情况的重要内容,作为评优评先的重要参考和毕业依据,作为高一级学校录取的重要参考或依据。

### 三、广泛开展劳动教育实践活动

**1. 家庭要发挥在劳动教育中的基础作用**

注重抓住衣食住行等日常生活中的劳动实践机会,鼓励孩子自觉参与、自己动手,随时随地、坚持不懈地进行劳动,掌握洗衣做饭等必要的家务劳动技能,每年有针对性地学会 1—2 项生活技能。鼓励学校(家委会)和社区等组织开展学生生活技能展示活动。学生参加家务劳动和掌握生活技能的情况要按年度记入学生综合素质档案。鼓励孩子利用节假日参加各种社会劳动。家庭要树立崇尚劳动的良好家风,家长要通过日常生活的言传身教、潜移默化,让孩子养成从小爱劳动的好习惯。

**2. 学校要发挥在劳动教育中的主导作用**

学校要切实承担劳动教育主体责任,明确实施机构和人员,开齐开足劳动教育课程,

不得挤占、挪用劳动实践时间。明确学校劳动教育要求,着重引导学生形成马克思主义劳动观,系统学习掌握必要的劳动技能。根据学生身体发育情况,科学设计课内外劳动项目,采取灵活多样形式,激发学生劳动的内在需求和动力。统筹安排课内外时间,可采用集中与分散相结合的方式。组织实施好劳动周,小学低中年级以校园劳动为主,小学高年级和中学可适当走向社会、参与集中劳动,高等学校要组织学生走向社会、以校外劳动锻炼为主。

**3. 社会要发挥在劳动教育中的支持作用**

充分利用社会各方面资源,为劳动教育提供必要保障。各级政府部门要积极协调和引导企业公司、工厂农场等组织履行社会责任,开放实践场所,支持学校组织学生参加力所能及的生产劳动、参与新型服务性劳动,使学生与普通劳动者一起经历劳动过程。鼓励高新企业为学生体验现代科技条件下劳动实践新形态、新方式提供支持。工会、共青团、妇联等群团组织以及各类公益基金会、社会福利组织要组织动员相关力量、搭建活动平台,共同支持学生深入城乡社区、福利院和公共场所等参加志愿服务,开展公益劳动,参与社区治理。

### 四、着力提升劳动教育支撑保障能力

1. 多渠道拓展实践场所

大力拓展实践场所，满足各级各类学校多样化劳动实践需求。充分利用现有综合实践基地、青少年校外活动场所、职业院校和普通高等学校劳动实践场所，建立健全开放共享机制。农村地区可安排相应土地、山林、草场等作为学农实践基地，城镇地区可确认一批企事业单位和社会机构，作为学生参加生产劳动、服务性劳动的实践场所。建立以县为主、政府统筹规划配置中小学（含中等职业学校）劳动教育资源的机制。进一步完善学校建设标准，学校逐步建好配齐劳动实践教室、实训基地。高等学校要充分发挥自身专业优势和服务社会功能，建立相对稳定的实习和劳动实践基地。

2. 多举措加强人才队伍建设

采取多种措施，建立专兼职相结合的劳动教育师资队伍。根据学校劳动教育需要，为学校配备必要的专任教师。高等学校要加强劳动教育师资培养，有条件的师范院校开设劳动教育相关专业。设立劳模工作室、技能大师工作室、荣誉教师岗位等，聘请相关行业专业人士担任劳动实践指导教师。把劳动教育纳入教师培训内容，开展全员培训，强化每位教师的劳动意识、劳动观念，提升实施劳动教育的自觉性，对承担劳动教育课程的教师进行专项培训，提高劳动教育专业化水平。建立健全劳动教育教师工作考核体系，分类完善评价标准。

3. 健全经费投入机制

各地区要统筹中央补助资金和自有财力，多种形式筹措资金，加快建设校内劳动教育场所和校外劳动教育实践基地，加强学校劳动教育设施标准化建设，建立学校劳动教育器材、耗材补充机制。学校可按照规定统筹安排公用经费等资金开展劳动教育。可采取政府购买服务方式，吸引社会力量提供劳动教育服务。

4. 多方面强化安全保障

各地区要建立政府负责、社会协同、有关部门共同参与的安全管控机制。建立政府、学校、家庭、社会共同参与的劳动教育风险分散机制，鼓励购买劳动教育相关保险，保障劳动教育正常开展。各学校要加强对师生的劳动安全教育，强化劳动风险意识，建立健全安全教育与管理并重的劳动安全保障体系。科学评估劳动实践活动的安全风险，认真排查、清除学生劳动实践中的各种隐患特别是辐射、疾病传染等，在场所设施选择、材料选用、工具设备和防护用

品使用、活动流程等方面制定安全、科学的操作规范，强化对劳动过程每个岗位的管理，明确各方责任，防患于未然。制定劳动实践活动风险防控预案，完善应急与事故处理机制。

**五、切实加强劳动教育的组织实施**

1.加强组织领导

在党委统一领导下，各级政府要把劳动教育摆上重要议事日程，出台相关政策措施，切实解决劳动教育实施过程中的重大问题，做好督促落实。省级政府要加强劳动教育工作的统筹协调，明确市地级、县级政府及有关部门加强劳动教育的职责，推动建立全面实施劳动教育的长效机制。

2.强化督导检查

把劳动教育纳入教育督导体系，完善督导办法。对地方各级政府和有关部门保障劳动教育情况以及学校组织实施劳动教育情况进行督导，督导结果向社会公开，同时作为衡量区域教育质量和水平的重要指标，作为对被督导部门和学校及其主要负责人考核奖惩的依据。开展劳动教育质量监测，强化反馈和指导。

3.加强宣传引导

引导家长树立正确劳动观念，支持配合学校开展劳动教育。加强劳动教育科学研究，宣传推广劳动教育典型经验。积极宣传企事业单位和社会机构提供劳动教育服务的先进事迹。注重挖掘在抗疫救灾等重大事件中涌现出来的典型人物和事迹，大力宣传不畏艰难、百折不挠、敢于担当的高尚品格。鼓励和支持创作更多以歌颂普通劳动者为主题的优秀作品，大力宣传辛勤劳动、诚实劳动、创造性劳动的典型人物和事迹，弘扬劳动光荣、创造伟大的主旋律，旗帜鲜明地反对一切不劳而获、贪图享乐、崇尚暴富的错误观念，营造全社会关心和支持劳动教育的良好氛围。

# 教育部印发《大中小学劳动教育
# 指导纲要（试行）》

2020 年 7 月 7 日

　　为深入贯彻习近平总书记关于教育的重要论述，全面贯彻党的教育方针，落实《中共中央国务院关于全面加强新时代大中小学劳动教育的意见》，加快构建德智体美劳全面培养的教育体系，制定本指导纲要。

## 一、劳动教育性质和基本理念

　　1. 劳动教育性质

　　劳动是创造物质财富和精神财富的过程，是人类特有的基本社会实践活动。劳动教育是发挥劳动的育人功能，对学生进行热爱劳动、热爱劳动人民的教育活动。当前实施劳动教育的重点是在系统的文化知识学习之外，有目的、有计划地组织学生参加日常生活劳动、生产劳动和服务性劳动，让学生动手实践、出力流汗，接受锻炼、磨炼意志，培养学生正确劳动价值观和良好劳动品质。

　　劳动教育是新时代党对教育的新要求，是中国特色社会主义教育制度的重要内容，是全面发展教育体系的重要组成部分，是大中小学必须开展的教育活动。它具有鲜明的思想性，必须将马克思主义劳动观贯彻始终，强调劳动是一切财富、价值的源泉，劳动者是国家的主人，一切劳动和劳动者都应该得到鼓励和尊重；倡导通过诚实劳动创造美好生活、实现人生梦想，反对一切不劳而获、崇尚暴富、贪图享乐的错误思想。具有突出的社会性，必须加强学校教育与社会生活、生产实践的直接联系，发挥劳动在个人与社会之间的纽带作用，引导学生认识社会，增强社会责任感；同时注重让学生学会分工合作，体会社会主义社会平等、和谐的新型劳动关系。具有显著的实践性，必须面向真实的生活世界和职业世界，引导学生以动手实践为主要方式，在认识世界的基础上，获得有积极意义的价值体验，学会建设世界，塑造自己，实现树德、增智、强体、育美的目的。

2. 劳动教育基本理念

（1）强化劳动观念，弘扬劳动精神。将劳动观念和劳动精神教育贯穿人才培养全过程，贯穿家庭、学校、社会各方面。注重让学生在学习和掌握基本劳动知识技能的过程中，领悟劳动的意义价值，形成勤俭、奋斗、创新、奉献的劳动精神。

（2）强调身心参与，注重手脑并用。把握劳动教育的根本特征，让学生面对真实的个人生活、生产和社会性服务任务情境，亲历实际的劳动过程，善于观察思考，注重运用所学知识解决实际问题，提高劳动质量和效率。

（3）继承优良传统，彰显时代特征。在充分发挥传统劳动、传统工艺项目育人功能的同时，紧跟科技发展和产业变革，准确把握新时代劳动工具、劳动技术、劳动形态的新变化，创新劳动教育内容、途径、方式，增强劳动教育的时代性。

（4）发挥主体作用，激发创新创造。关注学生劳动过程中的体验和感悟，引导学生感受劳动的艰辛和收获的快乐，增强获得感、成就感、荣誉感。鼓励学生在学习和借鉴他人丰富经验、技艺的基础上，尝试新方法、探索新技术，打破僵化思维方式，推陈出新。

## 二、劳动教育目标和内容

1. 总体目标

准确把握社会主义建设者和接班人的劳动精神面貌、劳动价值取向和劳动技能水平的培养要求，全面提高学生劳动素养，使学生：

树立正确的劳动观念。正确理解劳动是人类发展和社会进步的根本力量，认识劳动创造人、劳动创造价值、创造财富、创造美好生活的道理，尊重劳动，尊重普通劳动者，牢固树立劳动最光荣、劳动最崇高、劳动最伟大、劳动最美丽的思想观念。

具有必备的劳动能力。掌握基本的劳动知识和技能，正确使用常见劳动工具，增强体力、智力和创造力，具备完成一定劳动任务所需要的设计、操作能力及团队合作能力。

培育积极的劳动精神。领会"幸福是奋斗出来的"内涵与意义，继承中华民族勤俭节约、敬业奉献的优良传统，弘扬开拓创新、砥砺奋进的时代精神。

养成良好的劳动习惯和品质。能够自觉自愿、认真负责、安全规范、坚持不懈地参与劳动，形成诚实守信、吃苦耐劳的品质。珍惜劳动成果，养成良好的消费习惯，杜绝浪费。

2. 主要内容

主要包括日常生活劳动、生产劳动和服务性劳动中的知识、技能与价值观。日常生活劳动教育立足个人生活事务处理，结合开展新时代校园爱国卫生运动，注重生活能力和良好卫生习惯培养，树立自立自强意识。生产劳动教育要让学生在工农业生产过程中直接经历物质财富的创造过程，体验从简单劳动、原始劳动向复杂劳动、创造性劳动的发展过程，学会使用工具，掌握相关技术，感受劳动创造价值，增强产品质量意识，体会平凡劳动中的伟大。服务性劳动教育让学生利用知识、技能等为他人和社会提供服务，在服务性岗位上见习实习，树立服务意识，实践服务技能；在公益劳动、志愿服务中强化社会责任感。

3. 学段要求

（1）小学。

低年级：以个人生活起居为主要内容，开展劳动教育，注重培养劳动意识和劳动安全意识，使学生懂得人人都要劳动，感知劳动乐趣，爱惜劳动成果。指导学生：①完成个人物品整理、清洗，进行简单的家庭清扫和垃圾分类等，树立自己的事情自己做的意识，提高生活自理能力；②参与适当的班级集体劳动，主动维护教室内外环境卫生等，培养集体荣誉感；③进行简单手工制作，照顾身边的动植物，关爱生命，热爱自然。

中高年级：以校园劳动和家庭劳动为主要内容开展劳动教育，体会劳动光荣，尊重普通劳动者，初步养成热爱劳动、热爱生活的态度。指导学生：①参与家居清洁、收纳整理，制作简单的家常餐等，每年学会1—2项生活技能，增强生活自理能力和勤俭节约意识，培养家庭责任感；②参加校园卫生保洁、垃圾分类处理、绿化美化等，适当参加社区环保、公共卫生等力所能及的公益劳动，增强公共服务意识；③初步体验种植、养殖、手工制作等简单的生产劳动，初步学会与他人合作劳动，懂得生活用品、食品来之不易，珍惜劳动成果。

（2）初中。

兼顾家政学习、校内外生产劳动、服务性劳动，安排劳动教育内容，开展职业启蒙教育，体会劳动创造美好生活，养成认真负责、吃苦耐劳的劳动品质和安全意识，增强公共服务意识和担当精神。让学生：①承担一定的家庭日常清洁、烹饪、家居美化等劳动，进一步培养生活自理能力和习惯，增强家庭责任意识；②定期开展校园包干区域保洁和美化，以及助残、敬老、扶弱等服务性劳动，初步形成对学校、社区负责任的态度和社会公德意识；③适当体验包括金工、木工、电工、陶艺、布艺等项目在内的劳动及传统工艺制作过程，尝试家用器具、家具、电器的简单修理，参与种植、养殖等生产活动，学习相关技术，获得初步的职业体验，形成初步的生涯规划意识。

（3）普通高中。

注重围绕丰富职业体验，开展服务性劳动和生产劳动，理解劳动创造价值，接受锻炼、磨炼意志，具有劳动自立意识和主动服务他人、服务社会的情怀。指导学生：①持续开展日常生活劳动，增强生活自理能力，固化良好劳动习惯；②选择服务性岗位，经历真实的岗位工作过程，获得真切的职业体验，培养职业兴趣；积极参加大型赛事、社区建设、环境保护等公益活动、志愿服务，强化社会责任意识和奉献精神；③统筹劳动教育与通用技术课程相关内容，从工业、农业、现代服务业以及中华优秀传统文化特色项目中，自主选择1—2项生产劳动，经历完整的实践过程，提高创意物化能力，养成吃苦耐劳、精益求精的品质，增强生涯规划的意识和能力。

（4）职业院校。

重点结合专业特点，增强职业荣誉感和责任感，提高职业劳动技能水平，培育积极向上的劳动精神和认真负责的劳动态度。组织学生：①持续开展日常生活劳动，自我管理生活，提高劳动自立自强的意识和能力；②定期开展校内外公益服务性劳动，做好校园环境秩序维护，运用专业技能为社会、为他人提供相关公益服务，培育社会公德，厚植爱国爱民的情怀；③依托实习实训，参与真实的生产劳动和服务性劳动，增强职业认同感和劳动自豪感，提升创意物化能力，培育不断探索、精益求精、追求卓越的工匠精神和爱岗敬业的劳动态度，坚信"三百六十行，行行出状元"，体认劳动不分贵贱，任何职业都很光荣，都能出彩。

（5）普通高等学校。

强化马克思主义劳动观教育，注重围绕创新创业，结合学科专业开展生产劳动和服务性劳动，积累职业经验，培育创造性劳动能力和诚实守信的合法劳动意识。使学生：①掌握通用劳动科学知识，深刻理解马克思主义劳动观和社会主义劳动关系，树立正确的择业就业创业观，具有到艰苦地区和行业工作的奋斗精神；②巩固良好日常生活劳动习惯，自觉做好宿舍卫生保洁，独立处理个人生活事务，积极参加勤工助学活动，提高劳动自立自强能力；③强化服务性劳动，自觉参与教室、食堂、校园场所的卫生保洁、绿化美化和管理服务等，结合"三支一扶"、大学生志愿服务西部计划、"青年红色筑梦之旅""三下乡"等社会实践活动开展服务性劳动，强化公共服务意识和面对重大疫情、灾害等危机主动作为的奉献精神；④重视生产劳动锻炼，积极参加实习实训、专业服务和创新创业活动，重视新知识、新技术、新工艺、新方法的运用，提高在生产实践中发现问题和创造性解决问题的能力，在动手实践的过程中创造有价值的物化劳动成果。

### 三、劳动教育途径、关键环节和评价

#### 1. 劳动教育途径

将劳动教育纳入人才培养全过程，丰富、拓展劳动教育实施途径。

（1）独立开设劳动教育必修课。

在大中小学设立劳动教育必修课程。中小学劳动教育课平均每周不少于1课时，用于活动策划、技能指导、练习实践、总结交流等，与通用技术和地方课程、校本课程等有关内容进行必要统筹。职业院校开设劳动专题教育必修课，不少于16学时；主要围绕劳动精神、劳模精神、工匠精神、劳动组织、劳动安全和劳动法规等方面设计。普通高等学校要将劳动教育纳入专业人才培养方案，明确主要依托的课程，可在已有课程中专设劳动教育模块，也可专门开设劳动专题教育必修课，本科阶段不少于32学时；课程内容应加强马克思主义劳动观教育，普及与学生职业发展密切相关的通用劳动科学知识，并经历必要的实践体验。

（2）在学科专业中有机渗透劳动教育。

中小学道德与法治（思想政治）、语文、历史、艺术等学科要有重点地纳

入劳动创造人本身、劳动创造历史、劳动创造世界、劳动不分贵贱等马克思主义劳动观，纳入歌颂劳模、歌颂普通劳动者的选文选材，纳入阐释勤劳、节俭、艰苦奋斗等中华民族优良传统的内容，加强对学生辛勤劳动、诚实劳动、合法劳动等方面的教育。数学、科学、地理、技术、体育与健康等学科要注重培养学生劳动的科学态度、规范意识、效率观念和创新精神。

职业院校要将劳动教育全面融入公共基础课，要强化马克思主义劳动观、劳动安全、劳动法规教育。专业课在进行职业劳动知识技能教学的同时，注重培养"干一行爱一行"的敬业精神，吃苦耐劳、团结合作、严谨细致的工作态度。

普通高等学校要将劳动教育有机纳入专业教育、创新创业教育，不断深化产教融合，强化劳动锻炼要求，加强高等学校与行业骨干企业、高新企业、中小微企业紧密协同，推动人才培养模式改革。专业类课程主要与服务学习、实习实训、科学实验、社会实践、毕业设计等相结合开展各类劳动实践，注重分析相关劳动形态发展趋势，强化劳动品质培养。在公共必修课中，要进一步强化马克思主义劳动观教育、劳动相关法律法规与政策教育。

（3）在课外校外活动中安排劳动实践。

将劳动教育与学生的个人生活、校园生活和社会生活有机结合起来，丰富劳动体验，提高劳动能力，深化对劳动价值的理解。

中小学每周课外活动和家庭生活中劳动时间，小学1至2年级不少于2小时，其他年级不少于3小时；职业院校和普通高等学校要明确生活中的劳动事项和时间，纳入学生日常管理工作。

大中小学每学年设立劳动周，采用专题讲座、主题演讲、劳动技能竞赛、劳动成果展示、劳动项目实践等形式进行。小学以校内为主，小学高年级可适当安排部分校外劳动；普通中学、职业院校和普通高等学校兼顾校内外，可在学年内或寒暑假安排，以集体劳动为主，由学校组织实施。高等学校也可安排劳动月，集中落实各学年劳动周要求。

（4）在校园文化建设中强化劳动文化。

学校要将劳动习惯、劳动品质的养成教育融入校园文化建设之中。要通过制定劳动公约、每日劳动常规、学期劳动任务单，采取与劳动教育有关的兴趣小组、社团等组织形式，结合植树节、学雷锋纪念日、五一劳动节、农民丰收节、志愿者日等，开展丰富的劳动主题教育活动，营造劳动光荣、创造伟大的校园文化。

要举办"劳模大讲堂""大国工匠进校园"、优秀毕业生报告会等劳动榜样人物进校园活动，组织劳动技能和劳动成果展示，综合运用讲座、宣传栏、新媒体等，广泛宣传劳动榜样人物事迹，特别是身边的普通劳动者事迹，让师生在校园里近距离接触劳动模范，聆听劳模故事，观摩精湛技艺，感受并领悟勤勉敬业的劳动精神，争做新时代的奋斗者。

2. 劳动教育关键环节

各地和学校要注重围绕劳动教育的目标和内容要求，从提高劳动教育的效果出发，把握劳动教育任务的特点，抓住关键环节，选择适宜的劳动教育方式。

（1）讲解说明。

围绕劳动为什么、是什么问题，有重点地进行讲解，让学生懂得劳动的意义和价值。加强劳动观念、劳动纪律、劳动相关法律法规的正面引导，指明轻视劳动特别是轻视普通劳动的危害，让学生明辨是非。加强劳动知识技能的讲解，让学生认清事理，掌握实践操作的基本原理、程序、规则，正确使用工具的方法和技术。讲解要与启发思考、示范、练习等结合起来。

（2）淬炼操作。

围绕如何做的问题，注重示范与练习，让学生会劳动。强化规范意识，注重从最基本的程序学起，严守规则，避免主观随意。强化质量意识，注重引导学生关注细节，每个步骤、环节都要精准到位。强化专注品质，注重引导学生对操作行为的评估与监控，做到眼到手到心到，有始有终。

（3）项目实践。

围绕劳动能力的培养，让学生完成真实、综合任务，经历完整劳动过程。注重劳动价值体认，引导学生从现实生活中发现需求，选择和确定劳动项目。强化规划设计意识，充分发挥学生的主动性、积极性、创造性，引导学生对项目实践进行整体构思，综合运用所学知识、技术，不断优化行动方案。强化身体力行，锤炼意志品质，敢于在困难与挑战中完成行动任务。

（4）反思交流。

围绕劳动价值意义的建构，引导学生总结、交流，促进学生形成反思交流习惯。指导学生思考劳动过程和结果与社会进步、个体成长的关联，避免停留在简单的苦乐体验上。组织学生交流分享劳动的体验和收获，肯定具有积极意义的认识，纠正观念上的偏差。将反思交流与改进结合起来，使学生在劳动中获得成长。

（5）榜样激励。

围绕劳动的精神追求，树立典型，激发劳动热情。注意遴选、树立多类型榜样，不仅要有大国工匠、劳动模范，还要有身边劳动表现优异的普通劳动者和同学。指导学生从榜样的具体事迹中领悟他们的高尚精神和优良品质。明确要求学生在日常劳动实践中努力向榜样看齐。

3. 劳动教育评价

将劳动素养纳入学生综合素质评价体系。以劳动教育目标、内容要求为依据，将过程性评价和结果性评价结合起来，健全和完善学生劳动素养评价标准、程序和方法，鼓励、支持各地利用大数据、云平台、物联网等现代信息技术手段，开展劳动教育过程监测与纪实评价，发挥评价的育人导向和反馈改进功能。

（1）平时表现评价。

要在平时劳动教育实践活动中及时进行评价，以评价促进学生发展。要覆盖各类型劳动教育活动，明确学年劳动实践类型、次数、时间等考核要求。关注学生在劳动教育活动中的实际表现，注重从行为表现中分析把握劳动观念形成情况。以自我评价为主，辅以教师、同伴、家长、服务对象、用人单位等他评方式，指导学生进行反思改进。要指导学生如实记录劳动教育活动情况，收集整理相关制品、作品等，选择代表性的写实记录，纳入综合素质档案，作为学生学年评优评先的重要参考。

（2）学段综合评价。

学段结束时，要依据学段目标和内容，结合综合素质档案分析，兼顾必修课学习和课外劳动实践，对劳动观念、劳动能力、劳动精神、劳动习惯和品质等劳动素养发展状况进行综合评定。建立诚信机制，实行写实记录抽查制度，对弄虚作假者在评优评先方面一票否决，性质严重的应依法依规严肃处理。在高中和大学开展志愿者星级认证。高中学校和高等学校要将考核结果作为毕业依据之一。推动将学段综合评价结果作为学生升学、就业的重要参考。

（3）开展学生劳动素养监测。

将学生劳动素养监测纳入基础教育质量监测、职业院校教学质量评估和普通高等学校本科教学质量评估。可委托有关专业机构，定期组织开展关于学生劳动素养状况调查，注重学生劳动观念、劳动能力、劳动精神、劳动习惯和品质等的监测。发挥监测结果的示范引导、反馈改进等功能。

## 四、学校劳动教育的规划与实施

### 1. 整体规划劳动教育

学校是劳动教育的实施主体，应根据国家相关规定，结合当地和本校实际情况，对劳动教育进行整体设计、系统规划，形成劳动教育总体实施方案。方案要明确劳动教育目标内容、课时安排、主要劳动实践活动安排、劳动教育过程组织与指导及考核评价办法等。同时要基于学生的年段特征、阶段性教育要求，研究制定"学校学年（或学期）劳动教育计划"，对学年、学期劳动教育实践活动做出具体安排，特别是规划好劳动周等集中劳动，细化有关要求。使总体实施方案和学年（或学期）活动计划相互配套、衔接，形成可持续开展的劳动教育实施方案。

学校在劳动教育规划时要注意处理以下几个方面的关系：

（1）理论学习和实践锻炼的关系。

理论学习和实践锻炼都是劳动教育的必要内容。理论学习重在让学生理解和掌握"劳动创造了人本身""劳动创造世界"等历史唯物主义基本理论主张以及劳动相关法律、法规、政策，作为行动的指南。实践锻炼重在将所学知识转化为真正有用的实际本领，形成良好的劳动习惯，弘扬劳动精神。规划劳动教育时，要两者兼顾，坚持以实践锻炼为主，切实保证每一个学生都有必要的劳动实践经历，不能只是口头上喊劳动、课堂上讲劳动。要通过学生实践前的计划构想、实践中的观察思考和实践后的反思交流，加深对有关思想理论、法规政策的理解，实现理论学习和实践锻炼的统一。

（2）劳动教育与其他教育活动的关系。

在开足专门劳动教育必修课的同时，中小学劳动教育必修课实践环节中与综合实践活动的社会服务、设计制作、职业体验重叠部分，可整合实施。职业院校、普通高等学校劳动教育中学生生产劳动和服务性劳动可以通过专业实习、实训、创新创业等实践环节完成，日常生活劳动可以通过学生管理落实。

（3）劳动的传统形态与新形态的关系。

将日常生活劳动教育贯穿大中小学始终。在安排生产劳动和服务性劳动项目时，中小学要以使用传统工具、传统工艺的劳动为主，引导学生体会劳动人民的艰辛与智慧，传承中华优秀传统文化，兼顾使用新知识、新技术、新工艺、新方法的劳动。职业院校、普通高等学校要注重结合产业新业态、劳动新形态，选择现代农业、工业、服务业项目，提升创造性劳动能力。

2. 劳动教育的组织实施

（1）实施机构和人员。

学校要建立健全劳动教育组织实施的工作机制。明确主管校领导，设置机构或明确相关部门负责劳动教育的规划设计、组织协调、资源整合、师资培训、过程管理、总结评价等。

要建立专兼职相结合的劳动教育教师队伍。根据学校劳动教育需要，明确劳动教育责任人，进行劳动教育规划、组织实施、评价等，配齐劳动教育必修课教师，保持教师队伍的相对稳定性。要充分发挥教职员工特别是班主任、辅导员、导师的作用，利用少先队、共青团、党组织以及学生社团等各方面的力量，合力开展劳动教育实践活动。充分利用家长及当地人力资源，聘请相关行业专业人士担任劳动实践指导教师。

（2）劳动安全风险防范与管理。

学校要把劳动安全教育与管理作为组织实施的必要内容，强化劳动安全意识，建立健全安全教育与管理并重的劳动安全保障体系。

要依据学生身心发育情况，适度安排劳动强度、时长，切实关注劳动任务及场所设施的适宜性。科学评估劳动实践活动的安全风险，认真排查、清除学生劳动实践中的各种隐患。在场所设施选择、材料选用、工具设备和防护用品使用、活动流程等方面制定安全、科学操作规范，强化劳动过程每个岗位的管理，明确各方责任，防患于未然。制定劳动实践活动风险防控预案，完善应急与事故处理机制。要特别关注劳动过程中的卫生隐患，按照疾控、卫生健康部门及行业有关规定，采取相应措施，切实保护学生的身心健康。鼓励购买劳动教育相关保险。

（3）建立协同实施机制。

中小学要推动建立以学校为主导、家庭为基础、社区为依托的协同实施机制，形成共育合力。学校要通过家长会、家长学校、社区宣讲、网络媒体等途径，引导家长树立正确的劳动观；明确家长的劳动教育责任，让家长主动指导和督促孩子完成家庭、社区劳动任务；学校要与相关社会实践基地共同开发并实施劳动教育课程。

职业院校、普通高等学校要建立学校负责规划设计，行业企业社会机构主要负责业务指导，双方共同管理的劳动教育实施机制。通过建立劳模工作室、技能大师工作室，设置荣誉教师、实务导师岗位等，多渠道引入社会力量参与学校劳动教育。要联合社会力量，共建共享稳定的劳动实践基地、校外实习实训基地、各类型创新创业孵化平台，多渠道拓展劳动实践场所。

**五、劳动教育条件保障与专业支持**

地方教育行政部门要切实加强对劳动教育工作的组织领导，明确机构和人员承担区域推进劳动教育的职责任务，切实加强条件保障、专业支持和督导评估，整体提高大中小学劳动教育质量和水平。

1. 条件建设

（1）丰富和拓展劳动实践场所。

地方教育行政部门要统筹规划和配置劳动教育实践资源，满足学校多样化劳动实践需求。充分利用现有综合实践基地、青少年校外活动场所、职业院校和普通高等学校劳动实践场所，建立健全开放共享机制，特别是充分利用职业院校实训实习场所、设施设备，为普通中小学和普通高等学校提供所需要的服务。可安排一批土地、山林、草场等作为学农实践基地，确认一批厂矿企业作为学工实践基地，认定一批城乡社区、福利院、医院、博物馆、科技馆、图书馆等事业单位、社会机构、公共场所作为服务性劳动基地。推动学校充分利用校内学习、生活有关场所，逐步建好配齐劳动技术实践教室、实训基地，丰富劳动教育资源。

（2）加强师资队伍建设。

要明确劳动课教师管理要求，保障劳动课教师在绩效考核、职称评聘、评先评优、专业发展等方面与其他专任教师享受同等待遇。推动中小学、职业院校与普通高等学校建立师资交流共享机制，发挥职业院校教师的专业优势，承担普通学校劳动教育教学任务。建立劳动课教师特聘制度，为学校聘请具有实践经验的社会专业技术人员、劳动模范等担任兼职教师创造条件。

高等学校要加强劳动教育师资培养，有条件的院校开设劳动教育相关专业。把劳动教育纳入教育行政干部、校长、教师、辅导员培训内容，开展全员培训，强化劳动意识、劳动观念，提升劳动教育的自觉性。对承担劳动教育课程的教师进行专项培训，提高劳动育人意识和专业化水平。

（3）健全经费投入机制。

各地要统筹中央补助资金和自有财力，多种形式筹措资金，加快建设校内劳动教育场所和校外劳动教育实践基地，加强学校劳动教育设施建设，建立学校劳动教育器材、耗材补充机制。学校可按照规定统筹安排公用经费等资金开展劳动教育，可采取政府购买服务方式，吸引社会力量提供劳动教育服务。

2. 加强专业研究和指导

（1）加强劳动教育研究与指导。

在全国教育科学规划、教育部人文社会科学研究项目中支持劳动教育研究。地方教育行政部门鼓励和支持相关机构设立劳动教育研究项目。设立一批试验区或实验学校，注重开展跟踪研究、行动研究。举办论坛讲座，营造良好学术氛围。

各级中小学教研机构要配备劳动教育教研员，组织开展专题教研、区域教研、网络教研，通过协同创新、校际联动、区域推进，提高劳动教育整体实施水平。鼓励高等学校依托有关专业机构开展劳动教育教学研究。

（2）组织开展劳动教育课程资源研发。

基于劳动教育教学的实际需要，省级教育行政部门明确中小学劳动实践指导手册编写要求，体现"一纲多本"，满足不同地区学校的多样化需求，负责组织审查。职业院校可组织编写劳动精神、劳模精神、工匠精神专题读本，由编写院校或委托专业机构进行审查。鼓励学校、学术团体、专业机构等收集整理反映劳动先进人物事迹和精神的影视资料，组织研发展示劳动过程、劳动安全要求的数字资源，梳理遴选来自教学一线的典型案例和鲜活经验，形成分学段、分专题的劳动教育课程资源包，促进优质资源的共享与使用。

3. 督导评估与激励

（1）加强对学校劳动教育实施情况的督查。

把劳动教育纳入教育督导体系，完善督导办法。对地方各级人民政府和有关部门保障劳动教育情况进行督导。对学校劳动教育开课率、学生劳动实践组织的有序性，教学指导的针对性，保障措施的有效性等进行督查和指导。督导结果要向社会公开，作为衡量区域教育质量和水平的重要指标，作为对被督导部门和学校及其主要负责人考核奖惩的依据。

（2）建立健全劳动教育激励机制。

在国家级、省级教学成果奖励中，将劳动教育教学成果纳入评奖范围，对优秀成果予以奖励。依托有关专业组织、教科研机构等开展劳动教育经验交流和成果展示活动，激发广大教师实践创新的潜能和动力。积极协调新闻媒体传播劳动光荣、创造伟大思想，大力宣传劳动教育先进学校、先进个人。

# 第四章
# 劳动教育实施方案

# 贵州省道真自治县民族中学
# 劳动教育实施方案

## 一、指导思想

《中共中央国务院关于深化教育教学改革全面提高义务教育质量的意见》中明确：加强劳动教育，充分发挥劳动综合育人功能，制定劳动教育指导纲要，加强学生生活实践、劳动技术和职业体验教育。优化综合实践活动课程结构，确保劳动教育课时不少于一半。家长要给孩子安排力所能及的家务劳动，学校要坚持学生值日制度，组织学生参加校园劳动，积极开展校外劳动实践和社区志愿服务。创建一批劳动教育实验区，农村地区要安排相应田地、山林、草场等作为学农实践基地，城镇地区要为学生参加农业生产、工业体验、商业和服务业实践等提供保障。劳动教育是中小学教育不可缺少的重要组成部分，是全面贯彻落实教育方针，实施素质教育、提高学生总体素质的基本途径。学校要正确认识劳动教育的育人价值与功能。根据《中共中央 国务院关于全面加强新时代大中小学劳动教育的意见》、教育部关于印发《大中小学劳动教育指导纲要（试行）》，结合我校实际，制定《道真自治县民族中学学校劳动教育实施方案》。

## 二、总体目标

劳动教育是一门涉及面广，融知识性、技术性、实践性及教育性于一体的综合学科，在培育人才中发挥着重要作用。学校规定在七、八、九三个年级开设劳动教育课。通过劳动教育课培养学生养成劳动的习惯，具有积极劳动的精神和品格，增强劳动的意识，珍惜劳动成果，成为德智体美劳全面发展的社会主义建设者和接班人。

1. 知识目标

劳动知识是指生活劳动、简单的工农业生产劳动和自我服务性劳动的基础知识和基本方法，以及现代生产的基本原理和管理知识。具体知识目标如下：

了解一些简单工具的使用方法，初步掌握自我服务劳动、社区服务和家务劳动的基本方法。

了解一些劳动工具的使用方法。

了解植物栽培、动物饲养等的简单知识。

了解厨艺、工艺品制作、编织技术、裁剪与缝制的知识。

了解一些现代化劳动生产的基础知识，了解最新科技信息。

2. 能力目标

劳动能力是学生运用所学知识和掌握的科学技术原理，在劳动中初步形成的基本技能。

学会自我服务性劳动和家务劳动，会一些简单的烹饪技术和方法，能制作简单的手工作品和工艺品。

初步掌握编织、缝制技术，能制作简单的制品。

掌握初步的植物栽培技术，掌握小动物的饲养方法。

学会木工、金工、电工、农具等常用工具的使用；能进行简单的识图和制图。

在劳动中具有一定的创新意识，尝试有创新特色的小制作、小发明。

3. 德育目标

劳动教育具有特殊的育人功能，教学中要对学生进行劳动观点、劳动态度及心理健康等方面的教育；使学生形成良好的劳动品质和良好的行为习惯。

（1）培养学生正确的劳动观点。

树立热爱劳动、尊重劳动人民的正确思想。

（2）培养学生正确的劳动态度。

使学生认识劳动是日常生活、发展生产、建设祖国、推动社会进步的基本手段，是每一位公民的神圣权利和光荣义务。

（3）培养学生良好的劳动习惯。

通过劳动锻炼，对学生进行遵守劳动纪律、爱护劳动工具和珍惜劳动成果的教育，并进一步培养学生团结协作、助人为乐的精神品质。

（4）培养良好的非智力素质。

在劳动中使学生磨炼意志，陶冶情操，体验挫折与成功；增强积极进取、探索创新意识；初步具有质量意识、效率意识、安全意识和环保意识。

4. 主要原则

（1）坚持思想引领。

通过劳动教育，让学生学习必要的劳动知识和技能，在劳动教育中"树德""增智""强体""审美"，帮助学生形成健全的人格和良好的思想道德品质。

（2）坚持有机融入。

有效发挥学科教学、社会实践、校园文化、家庭教育、社会教育的劳动教育功能，让学生在日常学习生活中形成劳动光荣的正确观念。

（3）坚持实践体验。

让学生直接参与劳动过程，增强劳动感受，体会劳动艰辛，分享劳动喜悦，掌握劳动技能，养成劳动习惯，提高动手能力和发现问题、解决问题的能力。

（4）坚持适当适度。

根据学生的年龄特征、性别差异、身体状况等特点，选择合适的劳动项目和内容，安排适度的劳动时间和强度，同时要教育学生在劳动过程中学会自护，确保人身安全。

（5）坚持实践创新。

培养创新精神和实践能力是素质教育的重点。劳动课的综合性、实践性和技术性特点，决定了它在培养创新型人才过程中的重要地位和独特作用。劳动课教学应培养学生勇于探索的创新精神，加强对学生创新意识、创新思维、创新能力和创新人格的培养。把实施劳动教育与各项实践活动有机地结合起来，逐步构建学校、社会、家庭相互协调、互为补充的劳动教育体系，能够为劳动锻炼有特殊兴趣和爱好的学生，提供一个充分发挥自己天赋、才能和创造力的路径。

5. 劳动教育活动的主要内容

家务劳动、烹饪技术、社区服务、公司企业、劳动基地、校园卫生保洁、花园管护等等。利用好学校的推磨坊、夯碓基地、花草培育基地、花园栽培基地、花园管护基地、食堂劳动基地、厨艺实践基地、校园卫生保洁劳动基地（每班一块）、仡佬族特色食品制作坊、农作物种植基地、蔬菜种植基地等等加强对学生的劳动教育，由劳动实践管理办公室将以上劳动教育内容分解到各班，由教务处安排到学校各班课程计划中列入课表。

6. 途径和方法

（1）组织领导。

由韩克勤副校长负责劳动教育活动的管理和负责劳动教育基地建设，学校社会生活实践管理办公室负责此项工作，配备劳动教育实践基地管理工作人员，并协助劳动教育任课教师购置、准备劳动教育课的制作材料。学校要提供劳动课专用教室；建设足够的学生劳动教育活动基地；配备必要的劳动教育工具和设施。学校要加大投入，充实劳动教育技术资源。

（2）师资建设。

师资队伍薄弱直接影响着学科的建设和发展。通过不定期的在职培训等措施，建立一支能胜任教学的劳动教育课专职教师队伍，并保持这支队伍的稳定和发展是劳动教育顺利开展的关键。专职劳动教育课教师在工资待遇、职务聘任、评选先进等方面与其他学科教师同等对待。安排3—5个教师作为固定的劳动教育任课教师，承担全校的劳动教育课。聘任班主任担任劳动教育兼职教师，组织安排督促班级学生上好劳动课和积极参加劳动实践活动，并对学生的劳动实践活动情况进行严格考核评价。

（3）课程资源。

学校从实际出发成立劳动教育校本课程开发研究小组，开发劳动教育课程建设。学校要管理好劳动教育实践基地，确保学生在劳动中得到锻炼、能出成果。充分开发课程资源，让学生劳动教育有鲜活的教材、有教育实践训练场所。充分利用和挖掘校内外劳动教育课程资源，劳动课教师要充分利用和开发学校潜在的教育资源，引入与学生生活实际、社会生产实际相关的教学内容，使学生感受劳动实践活动的实在意义；充分利用劳技室、劳动教育园地、学校绿地等劳动教育的作用，实现劳动教育的目标。

（4）教学管理。

劳动教育活动课教学过程中教师应与学生积极互动、共同发展，要处理好知识目标与能力目标的关系，注重培养学生的独立性和自主性，引导学生质疑、探究，促进学生主动地、富有个性地在劳动中学习。教师应尊重学生的人格，关注个体差异，区别对待动手能力不同的学生。注重在劳动教育活动中调动学生的积极性，依靠学生固有的经验，充分挖掘学生的潜能，并注重实施跨学科教学、全面培养学生包括专业能力、社会能力等综合行为能力。课堂要生动活泼，教学方法灵活多样。

（5）展示评价。

充分发挥劳动教育评价的作用，展示学生的劳动成果，是对学生创新能力的最好承认、鼓励和鞭策。评价虽然不能直接产生创新能力，但它会促进创新品质的形成，从而影响学生创新能力的发展。展评劳动技术成果（作品），可在劳动实践过程中或结束后进行，在劳动过程中进行，可用现场实例促进操作的成功；在实践结束后进行，主要是师生共同衡量和评价教与学双方的成败，使学生从正反两方面巩固所学知识。劳动教育的评价强调"过程"和"结果"并重，尤其要注重情感和态度。展评小结，教师要善于运用"赏识教育"，更多地看到学生的优点并进行鼓励，应使学生感受成功的喜悦。幼稚的设想和失误的探索如果得不到宽容，学生就会逐渐地失去自我，泯灭最可贵的劳动创新意识。劳动教育的评价，还应特别提倡采用"个体内差异"评价法，它不会给被评价者造成心理压力，有利于学生树立自信心、自尊心和自豪感，有利于形成丰富的想象力和积极向上的心态，从而不断地投入到新的创新中去。

# 贵州省道真自治县民族中学劳动教育
# 安全应急预案

为有效防止学生劳动安全事故的发生，及时消除事故隐患，减少事故发生及财产损失，及时应对突发事件，迅速有效地处置各种劳动安全事故，特制定本预案。

## 一、劳动教育安全工作组织机构

1. 安全工作领导小组

组　长：王琦（校长）

副组长：韩克勤（副校长）邹永合（副校长）樊小勇（副校长）

成　员：全体教师

下设劳动教育安全管理办公室，邓顺强同志担任办公室负责人。

2. 安全工作领导小组职责

（1）贯彻执行学校劳动教育安全工作的有关规定。

（2）负责检查劳动教育安全工作，关注学生劳动过程中的安全情况，督促落实各项安全措施。

（3）积极预防劳动教育中的各项安全突发事故及事件的发生，排除安全隐患。

（4）及时处理学生劳动锻炼期间的各类安全突发事故。

（5）保障学生参加劳动锻炼活动的合法权益。

（6）负责落实每次劳动锻炼的其他各项具体工作，包括劳动前的安全教育、安全准备工作，劳动锻炼中的安全事项、防范监控及其他事宜。

## 二、突发事件处理原则

1. 保持镇静、沉着应对

2. 就地抢救原则

3. 报警、求援、及时报告原则

4. 维持秩序、迅速疏散原则

## 三、劳动锻炼前的安全教育

1. 学生参加劳动教育活动时，要始终坚持"安全第一"的原则。

2. 各班主任利用班会课及德育课召开主题动员会议，引起学生高度重视，使学生养成良好的安全观和自我保护意识。

3. 劳动教育指导教师要针对活动主题即将参加劳动教育活动的学生拟写及下发《学生劳动教育安全管理规定》《劳动教育安全应急预案》给学生，并认真组织学生学习，让学生掌握劳动锻炼期间相关规定和生产、生活等方面的安全知识。

## 四、劳动前的安全准备工作

1. 较长时间的集中劳动教育，应与劳动项目单位或场所联系并做好劳动教育安全预案。

2. 较长时间的集中劳动教育，应与参加劳动教育的学生家长取得联系并取得家长的支持与配合，征得家长的同意，学校要与家长签订劳动教育协议。

3. 由家长陪同的劳动教育活动，学校应与家长签订安全责任书或安全责任告知书。

4. 学校分管领导、劳动教育项目单位或场所负责人、学生、指导教师、各班班主任均要有通讯方式及联系地址。

## 五、劳动锻炼中的安全事项响应程序

1. 应急识别

当下列情况发生时，应判定为安全事故、事件，立即启动应急预案。

破坏设备、打架等违法犯罪行为、火灾、人员走失（失踪）、爆炸、食物中毒、溺水事故、交通事故、突发疾病、自然灾害等。

2. 事故、事件处置程序

第一、在现场的学生或发现者应立即向劳动教育主体单位或场所负责人和指导老师、监护人等报告，并根据事故的具体情况及时拨打 120、110、119、122 等电话或及时送医院处理。

第二、指导教师要在第一时间了解事故具体情况，做好学生思想工作，维持好秩序和现场，及时向学校主要负责人报告。

第三、学校领导及相关人员，进一步详细了解事故发生情况，做好相关人员思想工作，采取有效措施防止事态进一步扩大。

第四、学校主要负责人要根据事故、事件发生情况，及时报告教育主管部门及当地政府，并协助相关单位和部门做好善后工作。

第五、如遇重大事件，应及时上报学校负责人，立即启动应急救援预案。

**六、防范监控**

为预防重大安全事故的发生，劳动教育安全工作小组必须加强学生校内外劳动教育的组织和管理，严格遵守劳动教育项目单位的规章制度。同时在劳动教育协议签订方面，严格按有关法律、法规办事。确保重大安全事故隐患得到有效监控和及时处理，从而杜绝安全事故的发生。

# 劳动教育实践活动方案

为了丰富学生的社会阅历，拓展学生视野；培养学生吃苦耐劳的精神，掌握一定的劳动技能；增强学生的团队意识，培养其科学精神和社会责任感，特制订此次活动方案。

## 一、时间安排

10 月 11 日

## 二、前期准备（9 月 30 日—10 月 8 日）

1.各班级利用国庆长假选定实践地点,做好前期准备,开学后,以"思维导图"的形式提交本班方案。

2.各班将班级安全预案提交 FTP 学生发展中心——学工学农实践活动安全预案文件夹。

3.各共同体协调落实车辆安排、后勤保障、分组安排等相关事宜。

## 三、活动要求

1. 对班主任的要求

通过"学工学农"实践活动要培养学生一种习惯（劳动习惯）、一种能力（动手能力）、一种感情（热爱劳动）、一种精神（勤俭节约）、一种责任（关心国家、集体和他人的责任）、一种认识（工业、农业的认知）、一种观念（正确的人生观、价值观），在深入进行思想动员的基础上，提升学生对学工学农活动重要性的认识，同时加强对学生的纪律要求和安全教育。

2. 对学生的要求

遵守纪律，听从指挥，服从安排，努力完成此次社会实践的各项任务；增强安全防范意识，不得擅自行动；以小组为单位展开学农成果竞赛或研究调查。

## 四、活动内容

1. 学工类

能源矿产：紫金矿业，电厂。

林产品加工：兴业地板。

纺织服装：雅戈尔，丰华制衣。

水产品加工：洪浩水产，兴阳水产。

农副产品加工：华瑞参业，龙裕集团，垃圾处理厂，废水处理厂，口岸出入境，电商平台，水库……

2. 学农类

采摘、收粮捡粮等农活。

## 五、成果展示（10月14日—10月18日期间）

各班以学年为单位在报告厅采取现场抽签的形式进行成果汇报。

2019 年 9 月 28 日

学生发展中心

# 班级劳动教育方案

**一、七年（12）班共同体劳动实践活动安全预案**

本次活动是让学生感受秋天田野丰收的景象，了解农作物的生长过程，体验掰玉米的乐趣与劳动的喜悦，培养积极动手，热爱劳动的习惯，增进同学、师生的交流，体验集体出游的快乐。为预防学生社会活动中各类突发事件，在第一时间内及时、迅速、有序地得到处理和消除隐患，确保本次外出实施活动顺利进行而特制定本预案。

时间：10月11日上午

地点：珲春市关门村

人员：七年（1）、七年（2）班共同体

主题：帮助农户收粮

1. 劳动锻炼实践活动领导小组及职责

组长：吴洪波、韩雪

副组长：郑皓天、刘思佟

2. 职责

（1）负责活动场地的勘察和活动的组织，确保无安全隐患。

（2）负责活动前对学生的安全教育，安全责任落实到个人。

3. 突发安全事件处理原则

（1）保持镇静、沉着应对、就地抢救原则。

（2）报警、求援原则。

（3）维持秩序、迅速疏散原则。

4.具体措施

（1）活动前一天对学生进行一次全面的安全教育。

（2）乘坐正规的有安全保障的交通工具，严格遵守各项安全乘车规定，服从工作人员的管理保证交通安全。

（3）出发时、回来时都要清点学生人数，保证准确无误。

（4）到达指定地点要听从老师的统一指挥。

（5）如出现交通事故或意外情况，要及时拨打110报警电话，并及时向学校报告，同时组织人员实施自救。

（6）未经老师允许不得离队，不得靠近危险的地方。

（7）身体如有不适，要及时向老师报告。

（8）活动前备好所需物品，手套、口罩、套袖等。

（9）采摘过程中避免学生冲撞乱跑，划伤脸和手，注意自身安全。

5.本次预案适应本次活动

## 二、八年（3）班劳动教育活动方案

1.活动目的

为丰富学生社会阅历、拓展学生视野、增强学生综合素质，落实学校的劳动教育活动要求，我班开展了双实践——劳动教育活动。

2.活动地点

（1）杨泡满族乡松林村收玉米。

（2）边防部队参观。

3.活动前期准备

（1）管理人员

主负责人：邢旭（班主任） 马兴华（班主任）

协助管理：家长代表、班干部、小组长

下面是班主任及家长代表的姓名、电话号码，所在同一列的学生和家长共同负责。

具体负责人员在第4项分组安排中。

| 邢旭老师 | 电话： |
|---|---|
| 马兴华老师 | 电话： |

| | |
|---|---|
| 鞠思宇姥姥 | 电话: |
| 滕丝竹爸爸 | 电话: |
| 邢隽妈妈 | 电话: |
| 吴雨璇爸爸 | 电话: |
| 穆新羽爸爸 | 电话: |
| 穆新羽妈妈 | 电话: |
| 修雨晴 | 电话: |
| 郭语琪 | 电话: |
| 郎笠雯 | 电话: |
| 陈毅轩 | 电话: |

（2）车辆安排

本次活动用车为正规公司客车，非私人企业运营，进一步避免坐车途中出现的意外情况。

（3）后勤工作

①活动用具

学生自行准备粗布缝制的白手套，以确保在开展"掰玉米"活动时，手不会被划伤。

②医疗用具

班级准1—2个医疗箱，需配备以下医疗用具：纱布、碘酒、创可贴、绷带、体温计、云南白药喷雾剂和晕车、感冒、发烧药等。

③班级象征

班级需要带好班牌或班徽，有活动条幅最佳，在拍摄集体照片时都需要带着。

4.安全措施

（1）学生晕车。

班级准备好2—3个塑料袋，以及医疗箱中带好的晕车药。

（2）活动过程中受伤。

用清水轻轻冲洗伤口附近的尘土等，再用碘酒给伤口消毒，最后用纱布包扎伤口即可。

（3）脱离队伍。

安全小组要在每一次集队认真清点班级人数，应在开始活动前再次强调纪律性，或再安排一名安全组长押后。

（4）受凉。

出发前应备好一件衣物，热了要脱、冷了要穿、湿了要换，否则严重会导致失温。

若有身体不适及时向老师诉说。

以上就是本次"学工学农"活动的详细流程，祝大家能顺利完成此次活动，体会本次活动带给自己的感悟！

### 三、八年（11）班劳动教育活动方案

1. 活动目的

为丰富学生社会阅历、拓展学生视野、增强学生综合素质，落实学校的"学工学农"活动要求，我班开展学农实践活动。

2. 活动地点

（1）红色博物馆

（2）大学城

（3）英安镇"掰苞米"

3. 活动前期准备

（1）管理人员

主负责人：班主任（杨立新老师）。

协助管理：6名家长代表，6名学生安全组长（程琳、姜楠、王语涵、尹亦涵、王婉婷、付雨乔）

每8名同学由1名家长和1名学生安全组长来看管。

下面是班主任及家长代表的姓名、电话号码，所在同一列的学生和家长共同负责。

具体负责人员在第4项分组安排中。

| 宋明老师 | 电话： |
|---|---|
| 程琳妈妈 | 电话： |
| 姜楠妈妈 | 电话： |

| 王语涵妈妈 | 电话： |
|---|---|
| 尹亦涵妈妈 | 电话： |
| 王婉婷妈妈 | 电话： |
| 付雨妈乔妈 | 电话： |

（2）车辆安排

本次活动用车为正规公司客车，非私人企业运营，进一步避免坐车途中出现的意外情况。

（3）后勤工作

①活动用具

学生自行准备粗布缝制的白手套，以确保在开展"掰玉米"活动时，手不会被划伤。

②医疗用具

班级准1—2个医疗箱，需配备以下医疗用具：纱布、碘酒、创可贴、绷带、体温计、云南白药喷雾剂和晕车、感冒、发烧药等。

③班级象征

班级需要带好班牌或班徽，有活动条幅最佳，在拍摄集体照片时都需要带着。

4.分组安排情况

特此成立两个小组辅助本次活动顺利进行。

（1）安全小组（安全组长）

叶雨鑫、郭歆钺、李姊睿

（2）纪律小组（学生）

郑轶、徐一文、田佳灵

郑轶监管：1—4组学生纪律

徐一文监管：5—8组学生纪律

田佳灵监管：9—12组学生纪律

5.安全隐患

为了防止在活动过程中出现意外，在这里列举了几个安全隐患，并提出补救措施。

（1）学生晕车

班级准备好2—3个塑料袋，以及医疗箱中带好的晕车药。

（2）活动过程中受伤

用清水轻轻冲洗伤口附近的尘土等，再用碘酒给伤口消毒，最后用纱布包扎伤口即可。

（3）脱离队伍

安全小组要在每一次集队认真清点班级人数，应在开始活动前再次强调纪律性，或再安排一名安全组长押后。

（4）受凉

出发前应备好一件衣物，热了要脱、冷了要穿、湿了要换，否则严重会导致失温。

若有身体不适及时向老师诉说。

以上就是本次"学工学农"活动的详细流程，祝大家能顺利完成此次活动，体会本次活动带给自己的感悟！

## 四、七年（6）班劳动教育活动方案

1.活动目的

为丰富学生社会阅历、拓展学生视野、增强学生综合素质，落实学校的"学工学农"活动要求，我班开展了双实践——"学工与学农"活动。

2.活动地点

（1）综保区

（2）洪浩水产

（3）长城菌业

（4）板石镇果园

3.活动前期准备

（1）管理人员

主负责人：班主任（那曦文老师）。

协助管理：6名家长代表及6名学生安全组长（董馨月、王心童、杨思航、李伟豪、王信、赵萌）

每8名同学由1名家长和1名学生安全组长来看管。

下面是班主任及家长代表的姓名、电话号码，所在同一列的学生和家长共同负责。

具体负责人员在第 4 项分组安排中。

| | |
|---|---|
| 那曦文老师 | 电话： |
| 王心童妈妈 | 电话： |
| 董馨月妈妈 | 电话： |
| 王信妈妈 | 电话： |
| 李伟豪妈妈 | 电话： |
| 杨思航妈妈 | 电话： |
| 赵萌妈妈 | 电话： |

（2）车辆安排

本次活动用车为正规公司客车，非私人企业运营，进一步避免坐车途中出现的意外情况。

（3）后勤工作

①活动用具

学生自行准备粗布缝制的白手套，以确保在开展"摘果"活动时，手不会被划伤。

②医疗用具

班级准 1—2 个医疗箱，需配备以下医疗用具

纱布、碘酒、创可贴、绷带、体温计、云南白药喷雾剂和晕车、感冒、发烧药等。

③班级象征

班级需要带好班牌或班徽，有活动条幅最佳，在拍摄集体照片时都需要带着。

4. 分组安排情况

特此成立两个小组辅助本次活动顺利进行。

（1）安全小组（安全组长）

董馨月、王心童、杨思航、李伟豪、王信、赵萌

董馨月监管：1、2 组全体人员，3 组 A、B 号人员

王心童监管：3 组 C、D 号人员，4、5 组全体人员

杨思航监管：6、7 组全体人员，8 组 A、B 号人员

李伟豪监管：8 组 C、D 号人员，9、10 组全体人员

王信监管：11、12 组全体人员

（2）纪律小组（学生）

赵萌、朱恒毅

5.安全隐患

为了防止在活动过程中出现意外，在这里列举了几个安全隐患，并提出补救措施。

（1）学生晕车

班级准备好 2—3 个塑料袋，以及医疗箱中带好的晕车药。

（2）活动过程中受伤

用清水轻轻冲洗伤口附近的尘土等，再用碘酒给伤口消毒，最后用纱布包扎伤口即可。

（3）脱离队伍

安全小组要在每一次集队认真清点班级人数，应在开始活动前再次强调纪律性，或再安排一名安全组长押后。

（4）受凉

出发前应备好一件衣物，热了要脱、冷了要穿、湿了要换，否则严重会导致失温。

若有身体不适及时向老师诉说。

以上就是本次"学工学农"活动的详细流程，祝大家能顺利完成此次活动，体会本次活动带给自己的感悟！

# 劳动教育教学案

## 一、课题：包饺子

### 1. 教学分析

包饺子是一项家务劳动，本课内容是学生在学习了和面、拌馅和擀饺子皮的基础上进行的教学，属于包饺子内容的第二课时，主要学习包饺子的方法。

### 2. 教学目标

（1）了解包饺子的相关知识，掌握包饺子的基本方法。

（2）引导学生自主探究各种造型饺子的包法，在活动过程中培养学生观察、思维、想象的能力和创造精神，感受劳动的乐趣。

（3）培养学生耐心细致、不怕困难的劳动态度和珍惜劳动成果爱惜粮食的优良品质。

### 3. 教学难点

各种造型饺子的包法。

### 4. 课前准备

学生以小组为单位，准备适量拌好的饺子馅和醒好的面团和面粉，擀面杖每个小组一个，盛放饺子的盘子每组两块，筷子每人一双或勺子每人一个，面板每组一个，围裙每人一条。

### 5. 教学过程

（1）揭示课题

①出示课题图片：包饺子。

同学们，看老师给大家带来的这些饺子怎么样？

那你会包饺子吗？（进行调查，看有多少同学包过饺子）

②介绍经验。

谁能说一说你是怎样包饺子的？（邀请包过饺子的同学介绍经验）听了这几位同学的讲述，谁会包饺子了？

看来，光听同学说，就如同"站在岸边学不会游泳"一样，自然是学不会包饺子的。那我们应该怎么办？（让学生亲自动手做一做）

③做准备。

那么，今天，老师就给大家提供了这样一个场地，你们愿意动手试一试吗？（调动学生的积极性）

可是，要想干好一件事，必须得做好准备，包饺子也是同样如此。现在就请大家将包饺子前的准备工作做好。（教给学生做事情的方法，同时达到复习上节课学习内容的目的。学生将醒好的面团揪成一个个小面团，然后擀好）

（2）包饺子

①师生共同学习。

老师今天给大家带来了一种包饺子的简单的方法，你们愿意学习吗？（出示：包一般水饺的方法）（师生同操作）

拿起饺子皮手弯成窝形放入适量馅，对折成半圆，捏牢中间，由两边向中间封口，用双手拇指和食指按住边。

②学生自己在组内练习包。

③讨论交流在包的过程中出现的问题，应该如何解决？

④老师强调小结。

由于技术不熟练，放馅不能过多；先捏中央，再捏两边，然后由中间向两边将饺子皮边缘挤一下，这样饺子下锅煮时就不会漏汤了。

⑤学生再尝试。

让每一个学生都能包出完整的饺子。

⑥学生欣赏。

其实，包饺子的方法还不止这一种，老师还给同学们带来了一些花样饺子，想不想看啊？（出示：各种花样的饺子）

⑦自主尝试。

这么好看的饺子，其实方法也是很简单的，老师这里有每一种饺子的制作步骤，你想不想动手做一做呢？（将写有每种饺子制作方法的卡片发给每组学生，学生自主尝试，师巡视，点拨包的方法。可让学会的同学互相教，这样尝试着包不同造型的饺子。）

也可提示学生尝试着根据自己的想象包出各种各样的饺子，包出自己的创意来。

6.成果展示（让学生体会到成功的喜悦）

让学生将自己的劳动成果展示给同学们看，将自己的创意说给大家听。

7.总结

同学们，今天的活动你觉得有意义吗？其实，每一次的劳动都有好多乐趣，只要我们能在劳动中寻找、体味。对于今天包饺子来说，我想，如果我们再能亲口品尝到自己包的饺子，是不是更快乐的事情呢？好，那就让我们赶快行动，收拾好自己组的物品，准备下节课亲口品尝吧！


二、课题： 让小屋亮起来

1.教学目标

（1）通过学习"让小屋亮起来"的制作，让学生熟悉电路的连接方法 。

（2）培养学生的创新能力和技术素养。

2.教学重点

学习电路的连接。

3.教学难点

电灯安装线路图的设计。

材料：导线、灯座、灯泡、开关、电池盒、电池。

工具：剪刀、螺丝刀、尖嘴钳。

4.教学过程

（1）新课引入

①展示老师事先已经做好的小屋里安装上电灯的模型（每组一个）。

②让学生观察模型小屋电灯的安装方法。

③亲自打开开关让小屋亮起来。

④引导学生发现作品的优缺点，以便在设计中有更多的创新。

（2）学会剥线

①用尖嘴钳剥去导线两端的塑料让其两端的铜线各露出1厘米。

②剥线时，只要用尖嘴钳的里口钳住需剥去塑料的地方，力度应以切断塑料的力度为宜，然后用力向外拉，塑料就被剥下来了。

（3）灯座与导线、导线与导线的连接方法

①在导线与灯座时，先要用小剪刀刮去铜片和导线上的污渍，然后把导线缠绕在铜片上，要缠得紧些，以免松动产生很大的电阻。

②导线与导线连接时，要先刮去外露导线上面的污渍或油渍，然后把导线与导线缠绕。

（4）学会设计，安装电路

教师示范一遍，然后学生自己设计安装电路。

5. 作品展示交流

评价方面：

（1）是否认识各种工具及使用方法，在操作中是否注意安全。

（2）是否掌握安装技术。

（3）是否掌握电路的设计方法

（4）是否与同学愉快地合作

## 三、课题：小转车

1. 教学目标

（1）通过网上调查、咨询等方式及在活动中观察其他各组学生解决的办法，制订解决问题的方案。

（2）锻炼他们的人际交往能力以及实践、创新、合作、反思等综合能力。

（3）关注机械动力知识，形成初步的逻辑判断能力。

2. 教学重点

学习制作小转车。

3. 教学难点

如何借助橡皮筋的扭力,将橡皮筋和线轴组合起来。材料: 橡皮筋、A4卡纸、吸管、一小截蜡烛、铁丝、空塑料瓶、一次性木筷。 工具: 铁锤、铁钉、圆规、剪刀、火柴。

4. 教学过程

（1）新课引入

①带领学生念一首儿歌：小转车，转呀转！不像陀螺不像车。

②不用鞭子不用油。轻轻碰它两三下，赶得小狗汪汪叫。

③本节课中，我们将学习制作小转车。比一比哪辆跑得快。

（2）展示事先做好的小转车

①向学生展示事先做好的小转车，让学生观察、了解作品的结构。

②使学生知道小转车的结构，实质上是借助橡皮筋的扭力制作一辆"自动"的小转车。

（3）制作小转车

①在塑料并盖和塑料瓶底的中心位置上，分别钻一个洞。

②剪一段 45 mm 长的塑料吸管，在铁丝上变出"U"形铁构。用"U"形铁钩将橡皮筋从塑料吸管内拉出。

③利用瓶盖在卡纸上画出一个圆，并剪出圆形卡纸。用铁钉在圆形卡纸中心钻出一个洞。点燃蜡烛，将蜡均匀在滴在圆形卡纸上。

④如图所示，在卡纸上画好卡通马，用剪刀将它剪出来。

⑤用美工刀在一次性木筷上截取 8 mm 长的一段木筷。

⑥先把 8 mm 长的这段小木筷固定在吸管的一端，然后将带有橡皮筋的吸管穿过塑料瓶，接着将沙砾装在塑料瓶内，最后将带有橡皮筋的吸管依次穿过塑料瓶盖和圆形卡纸。（上述步骤都可以借助"U"形铁钩完成）

⑦把一次性木筷穿过另一端橡皮筋，将多余的橡皮筋打上结系紧。

⑧将做好的卡通马贴在一次性木筷上，小转车就制作完成了。

（4）让小转车跑起来

（5）小组成员之间比赛

①小组成员之间确定比赛任务和规则。

②进行比赛。

# "美好生活·劳动创造"演讲朗诵征文评比活动方案

　　为认真贯彻落实习近平新时代中国特色社会主义新思想，强化青少年劳动教育，全面落实立德树人根本任务，教育引导学生树立坚定理想信念，根据县教育局《关于举办"新时代好少年"主题教育读书活动"美好生活·劳动创造"演讲朗诵征文比赛的通知》（道教通〔2020〕47号）文件要求，结合"扣好人生第一粒扣子"等系列主题教育活动，经学校研究，决定开展"美好生活·劳动创造"演讲朗诵征文评比活动，现将相关事宜通知如下。

## 一、活动主题

新时代好少年——美好生活·劳动创造

## 二、活动对象

全校学生

## 三、活动时间及地点

1. 演讲、朗诵比赛：2020年5月26日下午两点
2. 演讲、朗诵比赛地点：报告厅

## 四、活动安排

1. 各班围绕主题开展班级选拔，七八年级各班只推一名学生参加学校演讲、朗诵比赛（选择演讲还是朗诵自定），九年级各班自愿参赛，参赛的班级每班

只推一名学生参赛。

2. 演讲要求：题目自拟，演讲时间控制在 5 分钟以内。

3. 朗诵要求：朗诵以个人方式进行，时间控制在 4 分钟以内，选手所用音乐和视频、音频等背景材料由评委纳入效果考虑，不另行加分。

4. 征文要求：围绕主题，题目自拟，不超过 1 000 字。七八年级每班推 1 篇参赛，九年级自愿参赛，参赛的班级只推 1 篇。

5. 各班于 5 月 25 日中午前交演讲、朗诵、征文纸质版双面打印稿件到团委（同时交电子版稿件），稿件注明学校、班级、学生姓名、指导教师（限 1 名）。

## 五、积分办法

1. 演讲和朗诵比赛采取 10 分制计分，5 月 25 日下午在团委抽签确定比赛顺序，计分采取当场亮分，分别去掉一个最高和最低分，然后求平均分（保留小数点后两位数）的方式进行。

2. 征文评比采用 100 分制，每篇征文由两位评委打分，取平均分，保留小数后一位计分。

## 六、奖项设置

1. 演讲、朗诵比赛，各设一等奖 3 名、二等奖 5 名、三等奖 8 名。指导学生获一、二等奖的教师获优秀指导奖。学校在演讲、朗诵一等奖中各推选一名学生参加县级比赛。

2. 征文评比设一等奖 7 名、二等奖 10 名、三等奖 13 名。指导学生获一、二等奖的教师获优秀指导奖。学校推选 7 篇征文参加县级评比。

## 七、活动的组织

1. 演讲、朗诵比赛由团委负责组织，其他部门积极配合。

2. 征文评比由德育处负责组织，其他部门配合完成。

## 八、有关要求

各班主任要及时在班上开展活动宣传及演讲、朗诵参赛选手的选拔，布置征文，确定指导教师（班主任、语文或其他学科教师均可），指导学生参赛，确保活动效果。

# 第五章

## 劳动教育感悟

# "美好生活 · 劳动创造"演讲

## 一、劳动创造美好生活

尊敬的老师、亲爱的同学们：

大家早上好！我是民族中学七年级（9）班的涂雨涵，今天我演讲的题目是——劳动创造美好生活。

著名的教育家陶行知先生曾这样解说过劳动："人有两件宝，双手和大脑，一切靠劳动，生活才美好"。的确，我们的美好生活都离不开自己和他人的劳动，清晨，晨曦落在环卫工人劳动的背影上。对于这个职业，在大多数人眼中都是一份不起眼的工作。提起这份工作，大家脑海里首先想到的一定是干脏活、干累活的人，认为他们的工作只是扫扫地，创造不出什么价值。其实不然，环卫工人的劳动是光荣的，是无私的，也是奉献的。他们是创造文明生活的一个伟大写照，就是因为无数的像环卫工人这样的劳动者，用他们的智慧和勤劳的双手，让我们的生活变得多姿多彩。是他们日复一日，年复一年，始终坚持在平凡岗位上，用汗水换来了城市的干净整洁。他们是劳动者，也是美好生活的创造者。

在这个假期，那一群可爱的白衣天使。他们逆行而上，奔向疫情最前线，他们坚守岗位，尽最大力量支援同胞，他们挑灯夜战，用中国速度与疫情赛跑。"我必须跑得更快才能跑赢时间，才能从病毒手里抢回更多病人"。这是武汉金银潭医院院长张定宇说的话。张定宇自身患有渐冻症，病痛的折磨，使他走起路来高低不平，同样奋战在抗疫一线的妻子不幸被感染，他仍拖着病体坚守在抗疫一线30多天，甚至忙得顾不上去看一眼妻子。

在2月2日那天，山西第二批援鄂医疗队出征湖北，66岁的王卫国把女儿王婷送上前往武汉的飞机。17年前，奶奶把同样是医生的王卫国送上了抗击非典的战场。

佘沙是四川省第四人民医院的一名护士。也是汶川地震中的幸存者，12年前她的家乡遭受了重创，是四面八方的大爱汇聚将她从废墟中托了起来。12年后，在又一场灾难来袭之际，她毫不犹豫，果断报名备战，她说，"我应该去，因为我是汶川人"。

其实，逆行者也只是一群普通人，他们也想在春节和家人一起吃饭过节，但在人民有需要的时候，他们毫无怨言，果断冲往前线，为全中国人民的安全保驾护航，不管是17年前的非典，还是现在的新冠。白衣天使们在平凡的岗位上劳动着，创造了一个个不平凡的奇迹，是他们让我知道劳动最光荣，只有劳动才能创造美好生活。

我是一个懒惰贪玩的人，对于家务向来置之不理。全靠妈妈一手张罗，但就在2020年这个特殊的假期中，我终于开始主动承担家务，我用自己的方式劳动，使本该无聊的宅家生活变得有趣起来，当我把家中收拾得整整齐齐时，一股自豪感油然而生。我突然觉得"劳动是世界上一切欢乐和一切美好事情的源泉"。

陶渊明隐居南山下，沉醉于日常的劳动中，吟咏出"采菊东篱下，悠然见南山"的千古名句；王继才坚守开山岛32年，为国防的安全保驾护航，是今天的英雄；道路清扫工舞动扫帚，是大地最虔诚的诗人。农民的儿子从田野走来，带着谷雨的芬芳；大国工匠从车间走来，带着创新的辉煌；辛勤的园丁从课堂走来，带着教育的光芒。唱起劳动的颂歌，让我们向劳动者表达我们最崇高的敬仰。

美好生活，劳动创造，让我们用自己的双手去创造美好的生活吧！我的演讲完毕，谢谢大家的倾听。

（道真民族中学七年（9）班　涂雨涵　指导教师　张勇）

## 二、劳动成就了我的家

我有一个幸福而美满的家，爷爷、奶奶、爸爸、妈妈，是他们用勤劳的双手创造了富足的生活。

我出生在广州。从我懵懂的记忆开始，家里那台打印机就经常嘶嘶地响起来，从打印机里滚出来的，是一张张各种形状的千奇百怪的图纸。那是爸爸坐在电脑前工作好长时间的结果。爸爸是机械工程师，承担的是机器的设计任务。他的职业需要丰富的空间想象能力，为了设计一台精巧的机器简直就要达到奇思异想的地步。每当打印机响过的时候，爸爸的工作就结束了，那时他那轻松的口哨声准会按时响起来。那些图纸总是在第二天被爸爸拿到工厂，分配给工人师傅们，经过爸爸在车间对工人们的一番指指点点，那些图纸就变成了齿轮啦、连杆啦、法兰啦……再经过装配，那些零件就变成了一台机器，插上电源，机器就开始呜呜地运转起来。那个时候，爸爸和工人师傅们的劳动就结出了"果实"。

我曾经和爷爷奶奶在乡下老家生活过一些日子。那时奶奶每天天刚亮就出门了。割草啦、插秧啦、种菜啦……总是永远都有做不完的活。我常常去地里给奶奶送水、捡红薯、抱猪草……到了秋天，家里就会堆满从地里收回的玉米和稻谷。接近年关时候，年初喂养的两头小猪仔已经长得又大又肥了。那时奶奶总是乐呵呵地盼着爸爸妈妈回老家，一家人团聚，过一个幸福祥和的春节。奶奶告诉我，只要她能做的，她都要做，那样可以减轻一些爸爸的负担，让家里变得富裕一些。只有家里富裕了，日子过起来才感觉美好。

妈妈是我们家里的"乐师"，每天都会准时奏响厨房的交响乐。自从爷爷奶奶老了，爸爸就在城里买了房，把年迈的爷爷奶奶接到了城里安度晚年。爷爷后来离开了我们，奶奶也生病了好多年。妈妈除了管理一家人的生活，还要照顾奶奶日常的点点滴滴，特别是奶奶住院的时候，家里和医院都有妈妈忙碌的身影。我除了努力学习，也常常帮妈妈拖地、洗碗、煮简单的饭菜，做我力所能及的事情。妈妈常教我干家务活。她说家务劳动是一门精湛的手艺，关系到一家人的卫生健康，健康是一个家庭幸福生活的保障。

大千世界，每个人所处的环境不同，受教育的程度不同，所从事的职业就不一样。工人做工，农民种地，学生读书……其实每个人都是在劳动。劳动的职业没有贵贱之分，劳动是一种美德，被人类世世代代传承，怀着对幸福生活的憧憬繁衍生息。今天我们还是一个读书少年，除了努力学习，还要学会力所能及的劳动，因为明天我们就是家庭的顶梁柱，是建设国家的主力军。

（道真民族中学八年（13）班　耿竹青　指导教师　李晓兰）

# 劳动教育到底要给孩子带来什么

近日颁发的《关于全面加强新时代大中小学劳动教育的意见》中指出，劳动教育是国民教育体系的重要内容，是学生成长的必要途径，具有树德、增智、强体、育美的综合育人价值。可以说劳动教育就是"五育"并举中的一座桥梁，建好这座桥，就可以抵达"五育"的彼岸。

新时代的劳动教育，如何构建一座劳动启蒙桥，促进儿童夯实劳动之根基、养成劳动之习惯、培育劳动之素养、获得劳动之情趣？一起来看这所学校的经验！

有人说，德育让人明理、智育启迪人的智慧、体育使人拥有健康、美育让人赏心悦目，而劳动教育可以给予以上的一切。在我看来，劳动教育就是"五育"并举中的那座桥。建好这座桥，我们可以抵达"五育"的彼岸。劳动桥敦厚牢固，坚实的根基正好与基础教育属性相通；劳动桥姿态万千，与教育提供"适合的通道"境界十分神似；劳动桥四通八达，契合劳动教育通向未来世界的链接之意，这是一座指向"五育"的通达桥。我们想构建一座劳动启蒙桥，促进儿童夯实劳动之根基、养成劳动之习惯、培育劳动之素养、获得劳动之情趣，体会劳动最光荣、劳动最伟大、劳动最美丽的道理。

## 一、桥之墩，塑儿童劳动价值观之魂

劳动教育到底要给6—12岁的儿童带来什么？是好玩的农场体验还是严格的习惯要求，是丰富的技能培植还是中华优秀传统文化的传承？许多学校给出了自己的妙方。但在我们看来，学校在提供丰富多彩的劳动体验、劳动实践之前，需要深思这一年龄段的劳动教育到底能播下什么种，未来会结出什么果。我所在的星河实验小学提出"幸福小当家"作为学校劳动教育的目标：未来，孩子不仅要当好小家的一家之主，还要当好国家的主人、民族的脊梁；因此要有爱家之心、持家之能、担家之责，并养成爱生活、爱学习、爱劳动、爱担当、爱创造的劳动品格。新时代劳动教育有其内在灵魂，是"培养幸福劳动者"的教育，是"打好家国底色"的教育，是"身心灵合一"的教育。

6—12岁的儿童在塑造劳动价值观的过程中，不能是抽象的，应该是具体的；不能是强制的，而应是自觉的。新时代劳动教育应为儿童架设四座桥：一是劳动价值之意义桥。劳动具有工具性价值，也有创造美好生活的终极性价值；二是家校社合一之联通桥。劳动教育需要家庭、学校、政府、社会等多方协作，形成育人合力；三是察古明今之共振桥。劳动教育汲取中华优秀传统文化，又与时代发展同向同行、同频共振；四是合乎规律之美遇桥。在劳动实践中科学体验美的根源、美的真理、美的情趣、美的创造。

新时代劳动教育价值观的塑造应该渗透在儿童的生活、环境和具身实践中。2017年，我们学校接手一所薄弱学校作为分校。资金有限，全校师生便利用整个暑假自己改造教室。一年后，奇迹发生了，这所学校的素质教育质量评估跃居全区一等奖。我们虽然不能把成绩归因为一个假期的劳动，但细细研究，这其中一定有劳动后孩子们学会了珍惜、进取、努力的效应。学校本部地方比较小，有的孩子第一次在餐厅吃饭时问我："校长妈妈，我们为什么要在地下车库吃饭？"在冰冷而挂满了桥架的地方用餐，孩子不喜欢。于是，打造一个"爱丽丝漫游仙境"主题餐厅的行动开启了。全校387个孩子与387个家庭一起改造学校学生餐厅。6年来，同样的伙食标准，星河娃对学校伙食满意度是最高的，这是不是与劳动创造、劳动焕新有着美好的关联呢？

这些经历告诉我们，没有基地、没有农场、没有地域资源，是否可以在校园无痕地让儿童来一场劳动的美遇？我的校树我浇灌、我的位置我保洁、我的区域我包干、我的农场我栽种，在这个过程中不再是散点的体验，而是习得正确的劳动观念、良好的劳动态度、主动的劳动习惯、积极的劳动情感、丰富的劳动知识、创新的劳动思维等的集合。或许，一次劳作承载不了这么多内容，但我们期待每一次劳动都能让儿童找到自己的劳动坐标，即学会生存、积极生活、丰富生命、享受生长。中小学劳动教育的重要价值在于通过身体而充盈"内心灵魂"，劳动实践是人的一种存在方式，是人获得自由和幸福的必要手段。

**二、桥之引，建儿童全景劳作园之场**

儿童的劳动教育是全息存在的，需要构建一个全景式的劳作园。劳动教育的责任不全在学校，而是家庭、学校、社会三者的合一；我们需要在不同的场域、不同的主体间营造儿童劳动教育的场景与情境，开启四度空间，为孩子构筑好劳动教育的引桥。

1. 第一空间：家庭家务劳动启蒙馆

家庭是一个最全景式的劳动场域，是儿童劳动教育最好的启蒙馆。学校要指导家长提升劳动意识，引领孩子具有劳动的实践情感；家长要培养孩子自觉的家务劳动习惯、自理的劳动技能。我们学校通过综合实践活动课程、学园课程开启家务劳动的种子课，而家庭则开启家务劳动的主干课，家校共同举行家务劳动的果实课，让学生收获家务劳动带来的光荣感与自豪感。

2. 第二空间：校园自治劳动故事田

在每所学校，都会有小岗位、包干区。但是，孩子在小岗位、包干区劳动时是发自内心的积极吗？大多数孩子是因为老师的要求、检查的要求和任务的要求去劳动。如何才能转化为学生自我的要求？我们认为，需要在校园的小岗位、包干区开启创造性劳动，让其去创造自己的劳动故事田。在我们学校有一块简单的包干区，承担包干区班级的班主任不仅让孩子完成打扫的劳动任务，而且创造性地开启了包干区里的"昆虫记"课程，让学生在劳动中体会到美好与创造。

3. 第三空间：社区朋辈互助志愿岗

志愿服务劳动应该从热闹的节点式劳动转变为儿童甚至家人的一种生活常态。我们学校开设了两家银行：家长志愿劳动时间银行和儿童自觉劳动成果银行。之前社区的志愿岗位无人问津，学校联动社区把这两家银行的星河币流通到社区、商场，结果孩子带着父母进行朋辈式的互助志愿成为常态，改善了邻里关系，促进了彼此互助。

4. 第四空间：城市田野课堂实践基地

早在2013年，我们学校就物色了20个劳动实践基地。每个月安排半天时间，让每个班都有机会到这些基地进行劳动实践，一直坚持到现在。目前逐渐发展到33个基地，形成了"一带一路"的思路："一带"就是生存、生活、生长的生命带，"一路"就是做学玩合一、思创行一体的劳动实践路。形成三个学院：少年科学院、农学院、创学院；建成三类基地：科技创新、农业体验、职业启蒙基地，开启儿童劳动的社会性。

### 三、桥之梁，构劳动教育课程群之体

学校通过"家园生活课程、校园责任课程、田园体验课程、职园启蒙课程、创园生长课程"等劳动教育课程群，培育"小帮手技能、小主人责任、小农夫情怀、小工匠精神、小创客思维"。

1. 小帮手·家园生活课程

学校在儿童家园生活课程中设置"家务劳动清单"，孩子可以自己制定家务劳动清单，采用自我清单式管理、菜单式研发、订单式配送，让家务劳动成为充满乐趣和实现自我价值的课程。

2. 小主人·校园责任课程

针对不同年段的孩子开展责任岗、责任田、责任区劳动教育，通过主题融合、班队融合、实践课融合等方式，形成"我要对我的岗位负责""我要给伙伴留下美好""我要和校园最美的相遇"等劳动意识。如学校开设的"小豆丁餐厅岗位课程"，每个孩子都有一天时间为全校师生提供美味午餐、检验食品、参与制作、配置食量、打扫餐厅、消毒餐具等，在校园里有始有终地完成一项劳动任务。

3. 小农夫·田园体验课程

学校的每个孩子在四年级都会经历稻子、麦子两季从播种、耕种、除草、抽穗到收割、打谷、加工的全过程。一次，当四年级 10 个班的学生带着镰刀到万亩良田进行收割时，他们发现现在的农业劳动已经进入人工智能介入的时代。这深深震撼了孩子们。收割回来后，孩子们开始对人工播种与智能播种进行对比研究，对物联网观照下稻谷到大米的过程进行研究。

4. 小工匠·职园启蒙课程

除了让孩子进行职业体验外，学校还通过衣工坊、食工坊、住工坊、行工坊等，让孩子在职园启蒙课程中从家政、厨技、农艺、非遗、创客等维度进行劳动体验。建立起学校劳动教育资源平台，开发"学三十六技"劳动课程、"访三百六十行"活动。

5. 小创客·创园生长课程

为了让孩子有更好的好奇心、想象力和创造力，寻找到自己的智能取向，学校给每个年级确定了一个为期一学年的长线创新劳动主题，"做学玩创"一体；

同时，学校与常州大学、江苏理工大学两所高校以及创新型企业的 6 个创新实验室签约，部分孩子每个月都有时间到实验室跟随导师进行实验研究。

### 四、桥之翼，探儿童劳动学习方之路

在 6—12 岁儿童的小学阶段，我们的重心放在了让孩子学会劳动上。如何让孩子探求到劳动学习的方式、方法与方向？

1. 策略一：不同的孩子获得不同的劳动教育经历

劳动教育课程群如此丰富，难道是要把孩子培养成全才吗？不是。我们将劳动教育课程群分为三个层次，普及性劳动课程占 60%，旗舰型劳动课程占 25%，定制式劳动课程占 15% 左右，让不同的孩子获得不同的劳动教育经历。比如孩子的家务劳动、责任课程就属于普及性课程，人人参与、人人经历、人人习得。"学会研究垃圾分类"是旗舰型课程，"研究垃圾智能分类系统"则是针对部分孩子的定制式劳动课程。

2. 策略二：不同的劳动体验相同的五感互联

我们所进行的劳动教育不是简单的技能习得，不是单一的劳动体验，每一次劳动都应让儿童的心灵打开，从视感、听感、嗅感、味感、触感等五感认知进一步到通感表达，其实就是知行合一、做学玩合一；不仅要尊重儿童自身认知能力与身体机能发育的一般规律，还要在劳动中建立起与天地间的心灵交换，在自然中激发建构创造的多种可能性，形成生命的连接。

3. 策略三：无限的劳动要求与有限的时空规定

我们需要给孩子开出儿童劳动学习方法，以儿童为原点进行多维度构建。学习要素的"组合"。梳理序列性、年段性的劳动学习内容，结合五园的不同场域，对劳动学习重点、活动类型、学习形式、劳动实践场所、学习资源和学习方式维度进行优化组合，避免碎片化、作秀化、表层化、交叉化。

学习资源的"整合"。即劳动课程与国家课程，特别是综合实践课程的整合，劳育与德育、智育、美育、体育的贯通，将学习资源有机整合。学习生活的"融合"。让学生各方面素质发展科学、有机地融合在劳动学习全过程，融入劳动学习方向、学习方法、学习方式的获得中，成为一个有机整体。

4. 策略四：从新鲜的课程花边成为儿童生活的常态

让儿童的每一天、每一处都处于沉浸式、融合化的劳动体验、实践和创造中，将劳动教育与儿童的生存技能、生活习惯、生长规律相融合，让学会生存、积

极生长、幸福生活成为儿童生命的样态。

新时代劳动教育，流动其间的是童心野趣的田园牧歌，指向未来的是生活与劳动的相互成全，这是一座属于儿童的劳动教育桥，有着独特的结构、体系、承重；这座桥接千载、通万里，既能听到远古的呐喊，又能听到现代的号角，还有未来的召唤、生命的力量；这座桥我们共同造，这是一座走向中华民族伟大复兴的桥，定能让儿童抵达人生的美好未来！

（江苏省常州市武进区星河实验小学　庄惠芬）

# 吉林珲春四中"致敬祖国"我们正行动
## ——学工学农研究成果展示

尊敬的各位老师，亲爱的同学们，大家好！

我们八年（11）、（12）班共同体利用 10 月 10 日下午的时间到英安镇进行了学工学农——扒玉米的体验活动。

**一、研究目的**

1.丰富同学们的社会阅历，拓展视野，提高综合素质，落实学校培养的多维度要求。

2.增强同学们的体质，培养吃苦耐劳的精神，掌握必要的劳动技能。

3.增强组织性和纪律性，培养科学精神，增强社会责任感。

**二、研究过程**

1.活动前，上网查找种植玉米的相关资料。

2.到达玉米地后采访农民奶奶种植玉米、剥玉米的方法及注意事项。

3.同学们自愿结成小组，实践操作。

**三、研究方法**

上网查询、采访农民奶奶、实践操作。

**四、研究内容**

1. 我国东北为何适合种玉米

（1）玉米种植区域的形成和发展与当地自然资源的特点，社会经济因素和生产技术的变迁有密切关系，我国玉米带纵跨寒温带，亚热带和热带生态区，分布在低地平原，丘陵和高原山区等不同自然条件下。

（2）划分玉米种植在东北主要考虑的原则，历史的延续性，根据不同地区光温水和无霜期等自然资源特点，及玉米生长发育对资源条件的要求划分种植区，在分区命名时要体现种植制度的基本特征，考虑到玉米在各生态区内农业生产中所占的地位和发展前景。

（3）早熟品种春播，70—100 天，夏播，70—85 天，中熟品种，100—120 天，晚熟品种，120—150 天。如果按照早熟品种，东北 1/3 时间处在暖和适宜玉米生长的时间，这也就是玉米适合东北种植的原因。只要在生长周期内气候变化不大的玉米品种，都适合东北种植。

2. 东北地区的玉米的种植和收获时间

东北玉米播种时间在 4 月 20 日左右之后、5 月 10 日之前这段时间，收获在 10 月 1 日以后、10 月 20 日之前。

3. 东北地区种植玉米有哪些环境条件

（1）光照。玉米属短日照作物，在 8—12 小时光照条件下可促进生长发育。在 12—14 小时光照有抑制作用。雌穗在蓝、紫、白光下发育快，在红橙光中发育迟缓。雄穗在绿光中表现极度迟缓。

（2）水分。抽穗前后 15 天是玉米的水分临界期需水最多，在苗期是玉米一生中最抗旱的时期。玉米的需水规律：苗期需水较少，占一生的 18%—19% 穗期需水较多，占一生的 37%—38%，花粒期需水最多，占一生的 43%—46%。抽雄、吐丝期需水强度最大。

（3）温度。在 5—10 厘米深的土壤中，温度恒定在 10—12℃时可以播种温度在 25—35℃时玉米种最适合发芽，温度在 18—20℃时最适合苗期生长。日均温度在 18℃时开始拔节，在 20—23℃时最适合拔节，温度在低于 15℃时停止拔节。日均温度在 26—27℃时玉米开始开花，温度在高于 38℃和低于 18℃时会出现雌雄开花不协调，造成秃尖和缺粒。灌浆期要求温度保持在 20—24℃，温度低于 16℃时不利于灌浆，温度高于 25℃时会出现高温逼熟，千粒重降低而减产。土温在 20—24℃时最适合根的生长，低于 4.5℃或超过 35℃根要停止生长或生长缓慢。

（4）养分。玉米一生需要的营养是 N、P、K，分别为 3.5 千克、1.7 千克、3.0 千克。

**五、研究意义**

起初，我们到达那里时，还是新手的我们什么也不会，但是看着奶奶的示范和老师们的打头，我们越来越上手。逐渐掌握了扒玉米的能力和技巧。我们在扒玉米时，汗水很快浸湿了我们的衣服，口罩也把我们的脸捂得通红通红的，但是班级同学之间的你追我赶，互相加油打气逐渐感染了我们身边的每一个人，让我们有了坚持的动力，也让我们越来越加快速度，比比哪一个阵地扒的最多。通过此次活动，也让我们明白了粮食的来之不易，更加学会如何珍惜粮食，勤俭节约，同时也锻炼了我们坚强的意志。

此次活动，我们完成了"八个一"的目标要求，即通过学工学农实践活动要培养一种习惯（劳动习惯）、一种能力（动手能力）、一种感情（热爱劳动和对劳动人民的感情）、一定技能（劳动技能）、一种精神（勤俭节约和吃苦耐劳的精神）、一种责任（关心国家、集体和他人的责任）、一种认识（国情、工农业的了解认识）、一种观念（正确的人生观、价值观）。

（李正斌　王瑞琪　腾仁博　郭歆钺　洪银璐）

# 学科教学中渗透劳动教育

## 一、例谈道德与法治教育与劳动教育有机结合

劳动教育是学校教育中十分关键和重要的教育，它关系到青年一代健康发展，也关系到中华民族未来的发展与进步，道德与法治教育更多功能是进行德育教育工作，它在渗透劳动教育中如何发挥自身思想政治教育的独特优势呢？我们来一起分析如何在道德与法治教育课中渗透劳动教育。

1.活动设计与劳动体验有机结合

以初一下册第二单元做情绪情感的主人中第四课第二节情绪管理调节办法为例，我们在上课之前先安排这样的预习内容：

学生预习第二节教材内容，回家做下面两件事：

A.回家主动帮助家人干家务劳动，写出自己被迫接受劳动和自愿承担家务的不同感受。

B.和母亲或者父亲、其他亲人一起干一件劳动，并就劳动进行沟通、协商，把劳动成果和你自己的体验写下来。

第二节课开展教学时，安排学生展示他们的劳动过程和自己的感受，这样的课堂不再是老师讲解理论，而是学生结合自己的劳动经历和感悟来学习情绪管理；一个方面，他们深刻体会到主动做是自己愿意、高兴地去完成，这样的情绪让自己劳动更加有趣，也使自己身心愉悦，与父母沟通不再是矛盾重重，而是愿意和父母说话，理解父母。当与亲人一起沟通协商时，孩子们的体悟是：劳动不再是他人的事情，劳动成了自己的责任与担当，与家人一起合作完成效率高，并且感到愉快，劳动不再是无聊的苦力活；最后他们都能感受到，主动参与劳动，与家人沟通可以很好地进行自我情绪控制，也可以帮助家人疏散不

好的负面情绪。

通过这样课前设计和学生劳动完成预习，教学变得很有意义，也很受孩子们喜欢，所以把道德法治课知识点与劳动结合起来，一方面学生自然而然参加劳动，另一方面道德与法治教育不再枯燥无味。学生在劳动中悟出德育教育知识，在德育教育中学生感受到劳动的乐趣和意义。

苏霍姆林斯基说过：在人的心灵深处，都有一种根深蒂固的需要，这就是希望自己是一个发现者、研究者、探索者。在儿童的精神世界里这种需要特别强烈。把道德与法治知识的讲解和德育的渗透与学生的劳动结合在一起，使单调的理论讲解和枯燥的说教式德育教育变成学生在劳动中体验感受，让学生变成一个发现者，创造者和探索者，他们被身边的人需要，孩子就会无比有担当精神。道德与法治课的活动设计处处可以劳动，处处需要孩子们动手发现，我们只要挖掘利用好教材，设计好教材，学生会在这样的课堂中学会很多有趣的东西，也会在潜移默化中把劳动当成自己生活的一部分。

2. 劳动与创新精神的有机结合

创新是一个民族知识经济的源头进取的动力，是一个民族进步的灵魂。没有创新能力的民族是可怕的，也是必然会被历史发展淘汰的民族，我们中国精神里的创新精神激励着一代代劳动者用自己的聪明和智慧创造了中国历史的辉煌，未来靠青少年朋友们。科技日益发达的今天，劳动不再被需要吗？不是，劳动永远是我们必须具备的重要素质和技能，劳动技术教育培养技能和发展能力的任务，有它独特的要求。

在道德与法治教育中，我们可以发挥创新的重要作用，把创新与劳动培养有机结合在一起，让学生在创新中快乐劳动、开发思维和四肢协调能力，让青少年做能创新、有技能的小能手。

我以七年级下册第六课为例，如何培养学生在集体中的担当精神，让孩子们热爱集体和喜欢承担集体中的事情，我先做了这样的课前安排活动："从今天开始，通过两个周时间，你们用自己聪明的大脑和勤劳的双手为集体做一件事，但是要求，你所做的事情必须彰显你在班集体中的重要和你的与众不同，我们对此次活动要评选 3 位最受欢迎的创设奖。"

一周后，我看见了教室里的花盆，墙上挂伞的钩子，墙壁上的画，老师讲课的地方异常干净。当进入第六课的学习时，讲到集体，同学们眼睛里闪着自信的光芒，我在讲到"集体中发展个性"时，让他们讲讲：我为集体做了什么，我的与众不同在哪里，同学们有的说自己栽的花可以释放大量香气，他也要做班级里释放香气的人。其中一个孩子讲道："墙上的钩子是我和爸爸用钢丝自己做的，它很牢固也很有个性，一颗可以挂5把伞，我希望自己做一个有个性的人，在班集体中成为大家的需要。"

孩子们熠熠闪光的眼睛告诉我，有他们在，明天的花儿开得更好，阳光更明媚更温暖。两周后，孩子们更加团结，并且在班上带起了一股手工潮，道德与法治德育教育作用得到最有效发挥，创新意识得到很好培养，劳动意识和创造美的种子播在了孩子们心灵深处，指引着他们创造美好的生活与未来。有创新精神的孩子就是民族的火苗和希望，我们坚信建设有中国特色的社会主义一定可以实现。

3. 快乐与劳动教育有机结合

快乐教育能深入孩子心灵的教育，快乐教育才是成功的教育，孩子们在参与道德与法治的学习时如果被动接受理论说教，被动参加劳动教育，这样的教学设计是失败的，而且是违背教育客观规律的教育。我们在开展道德与法治课时，要让孩子感受到劳动的快乐，在快乐中劳动，在快乐中学习。比如我在设计第一课情绪中负面情绪时，我们可以安排学生在家里种一盆小花，每天对它说十句话，负面情绪和正面各五句，孩子们种了花后，两周上传一次自己花儿的长势，并谈自己是如何养它的，结果半个月后孩子们不再带着怨气去侍弄自己栽种的小花了，因为他们在劳动和每天的对话中化解了不良情绪，忘记了自己栽花的目的是用来抱怨的，劳动的快乐代替了负面情绪，他们快乐而充实起来，这样的设计能让孩子感受到快乐，在快乐中劳动，道德与法治教育功能才发挥了它应有的作用。

任何一个细节和设计，只要把活动设计与劳动教育用快乐的方式有机结合，在劳动中培养创新精神，在创新中快乐劳动，孩子们自然会把劳动当成一种习惯，把学习的知识放在劳动中实践，就一定能培养开拓进取，勤劳勇敢，不断创新的精神。

（道真县民族中学　王建华）

## 二、在历史学科教学中渗透劳动教育案例

在中学历史教学中渗透劳动教育，应充分利用历史的教学资源，教学手段，挖掘潜在的劳动教育材料，与历史教学有机地结合在一起，就能在历史教学中

实施好劳动教育。

1.结合历史教材，从人类文明发展史的角度进行劳动教育

从原始社会人类刀耕火种到现代文明的诞生这一历史发展，究竟什么起决定性作用呢？当然是劳动，劳动创造了古代文明与现代文明、中国文明与外国文明、精神文明与物质文明。

五千年中华文明给我们留下了无数珍宝：造型奇特的四羊方尊、司母戊大方鼎等青铜器，精致美观的陶瓷器皿，绵延万里的长城，震惊世界的秦始皇陵兵马俑，令人神往的故宫，享誉世界的四大发明……这一切，无不是我们祖先辛勤劳动与智慧的结晶。在教学中，我深挖教材，对学生进行思想教育，让他们懂得：劳动创造了美，劳动是光荣的。

通过把劳动创造了人类文明这一历史，生动具体地展示给学生，学生在受到深深震撼的同时，更加尊重劳动、热爱劳动，热爱劳动人民；同时还会启发他们："今天我们爱科学、爱劳动，明天我们就能更健壮、更聪明、更好地用自己的劳动去创造21世纪人类的文明。"

2.结合历史教材，从人类自身进化的历史角度进行劳动教育

恩格斯对人类起源作了科学的回答，指出人在从猿到人的演变过程中，劳动起了决定性作用。《中国历史》第一课就阐述了在人类的起源和自身的进化过程中劳动起了决定性作用。为此，我在组织教学时抓住这一点组织学生展开讨论。同学们各抒己见："人是神创造的""人是女娲用黄土捏出来的"……这时我指出："这些传说都是缺乏科学依据的，是人类在科学尚不发达的时期对自身起源的一种臆想。我抓住他们强烈的好奇心和求知欲，没有急于回答，而是展现出幻灯片"从猿到人的进化图"。通过这一形象地介绍，学生不仅认识了猿演变成人是劳动的结果这一事实，而且感受到了劳动的力量、劳动的伟大以及劳动美的内涵。

3.紧扣杰出历史人物进行讲授，教育学生继承和发扬勤劳精神和艰苦劳动的美德

中国近代杰出的铁路工程师詹天佑，12岁考取中国第一批赴美幼童留学生，学成归国后贡献巨大，曾完成英、日、德工程师无力完成的滦河大桥。后来又主持修建京张铁路，京张铁路工程浩大艰难，他不辞劳苦带领学生和工程人员往返数次勘定选择路线，出色地完成了居庸关、八达岭两处最艰难的隧道工程，总长1 458米，还创造性地设计出一段"人"字形路轨。这是中国人自行设计

和施工的第一条铁路干线。在近代中国科技十分落后、外国人讽刺中国修建京张铁路的工程师还没有出生的情况下，正是詹天佑的业绩为国家和民族扬眉吐气，也正是他刻苦钻研、辛勤劳动的美德树立了中国铁路史上的第一座丰碑。

通过学习杰出历史人物的丰功伟绩，我不断启发学生，使学生逐步形成了共识：劳动创造了奇迹，劳动创造了古今中外一代代伟人，劳动创造了人类的幸福，推动着历史的车轮滚滚向前。学生从不同角度认识了体力劳动、脑力劳动的内涵，感受到了只有劳动才是最美的。

总之，历史教学中渗透劳动教育是素质教育的一个重要方面，也是历史教师的神圣使命。

（道真县民族中学　韩世旭）

### 三、劳动教育如何渗透于语文教学之浅见

根据当前的教育需求，在学校教育中，无论是哪一门学科的教育，其最终目的，都是为了把在校的每一个学生，培养成德、智、体、美、劳的全面发展的人才。而其中之一的"劳"，即是"劳动教育"，我认为其实就是将对学生的理论教育转换为更深层次的，富有实践意义的一种教育。那么何为"劳动教育"呢？

劳动教育就是教育学生树立正确的劳动观点，使他们懂得劳动的意义；培养学生热爱劳动和劳动人民的情感，养成爱劳动的习惯，形成以劳动为荣的品质；抵制好逸恶劳，贪图享受，不劳而获，奢侈浪费等恶习的影响；同时让学生意识到作为学生，勤奋学习就是学生的主要劳动。归纳而言，在学科教学中，无论是哪一门学科，都应该引导、教育学生树立劳动的观点和意识，热爱劳动和劳动人民，养成爱劳动的良好习惯，并力所能及地付诸实践，树立"做到勤奋学习就是在劳动"思想。

作为语文学科，其特点就是人文性和工具性的统一。所以，在语文学科教学中，对学生的思想品德和行为习惯方面，本身就担负着主要的教育责任。因此，在教学中，以语文教材为载体，对学生进行适时的劳动教育，是学校教育中对学生进行劳动教育的一个有效的途径。

现行部编语文教材主要分为"阅读教学""写作指导与实践""综合性学习与实践活动"三大板块的教育教学。那么，作为一名语文老师，如何将劳动教育渗透在日常的三大板块的教育教学之中呢？

第一，在阅读教学中，充分地、有选择性地利用好教材中的课文，作者的人生经历，名著名篇中与劳动有关的内容，适时地对学生进行引导教育，使其树立正确的劳动观念和意识，让学生认识到热爱劳动是光荣的，从而养成热爱劳动的良好习惯。如《植树的牧羊人》中的那位牧羊人，用了半个多世纪徒手之树，将一片荒漠变成了绿洲。他把植树当成了一种乐趣，一种习惯，把种植的每棵树苗当成自己的孩子一般对待。植树不但让他在孤独中收获了幸福，同时还成就了造福人类的大业。《回忆我的母亲》一文中，朱德同志母亲勤劳的一生，向我们展现了一个平凡而伟大的值得敬仰的母亲形象。《归园田居》中诗人陶渊明归隐田园的那种悠闲而惬意的田园劳作生活，展现出了劳动何尝不是一种乐趣！反之，《孔乙己》中的主人公孔乙己却因醉心于科举，懒于劳作，最终连基本的生存技能丧失，只能去"偷"而被丁举人打折了腿而悲惨死去。教学这些内容时，适时地引导学生，让学生懂得：劳动是光荣而伟大的；劳动是有一定乐趣的；劳动是一个人基本的生存能力。于是乎，潜移默化中学生自然也就树立了劳动的观念和意识了。

第二，在"写作指导与实践"的教学中，可以有意识地布置一些利于对学生进行劳动教育的写作任务，如写周记，写课堂作文，写人叙事等。如布置学生描绘某一次有意义的劳动场面，记述自己的一次家务劳动，"五一"全国劳动模范表彰大会观后感等。通过这样的写作训练，可以让学生用笔尖去书写关于劳动的真人真事真画面，从而真正地用心去感受到劳动的光荣，激发学生内心对劳动的向往，达到真正的受教育的目的。

第三，在"综合性学习与实践活动"的教学中，同样可指导学生去参与一些能够对学生起到劳动教育作用的综合实践活动。如：安排一个关于"劳动模范"的调查采访活动；在植树节安排植树活动；在"五一"国际劳动节开展以"劳动最光荣"为主题的演讲比赛或布置一个劳动任务；还可以经常引导学生在学习之余帮助父母做一些力所能及的家务劳动等。通过开展这些活动，让学生深入实践，亲身体验劳动的快乐与劳动的收获，使其领悟出劳动可以让自己成长，劳动可以让自己的人生更加丰富而有意义。

其实作为一名教师，无论你在学校担任什么职务，任教什么学科，都应该以身作则，率先垂范，认真工作，让学生感受到老师在为"我们"辛勤耕耘，老师就是一个劳动者，老师的以身示范就是对学生最好的引导与教育。从而有意无意之中就让学生意识到，作为一名学生，最根本的任务就是学习，每天勤奋学习就是在劳动，学习的过程就是一个劳动的过程，只不过是脑力劳动，而不同于洗衣做饭，挥镰锄地，筑墙盖瓦的体力劳动而已。

（道真自治县民族中学　张永琴）

### 四、语文教学中如何渗透劳动教育

劳动教育的形式多样，完全可以渗透到各个学科的教学之中，尤其是历来讲究"文道结合"的语文课，更具有进行劳动教育的优越性。本文试就中学语文教学中进行劳技教育谈几点看法。

1. 语文教学中对学生进行劳动教育的必要性

（1）语文学科的性质所决定。

语文科除了有其"工具性"外，还有其"人文性"，这就决定了它担负着既传授知识，又育人的任务。语文教师在向学生传授语文方面知识的同时，还要对学生进行理想前途、道德品质、世界观和人生观等方面的教育，劳动教育当然也包含其中。因此，对学生进行劳动教育，是语文教学的任务之一。

（2）学生思想现状的需要。

在应试教育魔棒的驱使下，受社会、家庭和学校的影响，学生的头脑中严重地存在着厌恶劳动，瞧不起劳动人民的思想，就连祖祖辈辈生活在农村的农家子女也以有朝一日跳出"农门"为自己的奋斗目标。在应试教育向素质教育转化的形势下，全面地贯彻党的教育方针，使学生在思想中树立劳动光荣的观念，是我们教育者（尤其是语文教师）的迫切任务。

（3）改革开放形势的逼迫。

在深化改革的社会环境中，学校的任务不是单纯培养未来的大学生，而是要培养社会主义建设事业的各种人才。考取大学的毕竟是少数，大部分学生毕业后要走向社会，成为劳动大军的一员。如果学校不重视劳技教育，学生劳动素质差，这要给社会造成很大的损失。由此可见，利用语文课对学生进行劳动教育是多么的重要。

2. 语文教学中对学生进行劳动教育的基本途径

（1）利用语文教材对学生进行劳动教育。

现行的中学语文教材中，渗透了进行劳动教育的课文有三大类。

第一类是歌颂劳动人民崇高品质的文章。这类文章对劳动人民勤劳、善良、俭朴、无私的高贵品质进行了讴歌，这对培养学生热爱劳动、热爱劳动人民的感情有着重要作用。例如《一件小事》里的人力车夫，《回忆我的母亲》里的"母亲"，《大堰河——我的保姆》中的"大堰河"，这些人物身上，无不闪烁着传统美德的光辉。语文教师在教学中一定要不失时机地对学生进行教育，让他们认识到劳动人民是品德高尚的人，是可亲可敬、可歌可泣的英雄。

第二类是歌颂劳动光荣、伟大的文章。这类文章对劳动恢宏的场面进行了描绘，歌颂了人类通过劳动"喝令三山五岳开道"的雄伟气概。比如《菜园小记》有关种菜的描写，《记一辆纺车》里的纺纱竞赛场面，《风景谈》中劳动创造的"第二自然"，劳动的光荣、伟大，劳动力量的神奇在这里得到了充分的体现。有针对性地在教学中对学生进行热爱劳动，献身社会主义建设事业的教育，这些课文是不可多得的材料。

第三类是介绍劳动技艺的文章。这类文章通过对劳动技艺的介绍，充分地说明"美"是通过劳动创造出来的，"美"就体现在人们劳动的成果上。从而使学生既懂得劳动的过程就是创造美的过程，也自然地产生一种参与劳动、亲手创造美的欲望。比如《核舟记》中核舟雕刻的精巧，《卖油翁》中老人表演的精彩，《景泰蓝的制作》里制作程序的流畅，无不闪烁着"美"的光辉。教师在此时对学生进行劳动教育应该是很能奏效的。

（2）写作课上的劳动教育。

作文课是语文课的一个重要组成部分，它和阅读教学是相辅相成的，可以配合教材中的三种类型课文，对学生进行劳动教育。

①写赞颂劳动人民崇高品质的文章。如《夸夸咱们的好村主任》《给城市创造美的人》《我认识的一位工人老师傅》等，通过写作，使学生在感情上同劳动人民产生共鸣，从而树立正确的世界观、人生观。

②记录劳动场面的写作训练。如《秋收时节》《车间即景》《阳春三月去植树》等，这些训练，可以使学生体会到劳动的乐趣，培养学生热爱劳动的感情。

③介绍带有技艺性劳动的过程。这一类文章可算是说明性的散文，如指导学生写作《我种南瓜》《我跟泥工学砌墙》《炸油条》等文章，让他们感受到获得劳动成果的喜悦，体会到行行出状元的哲理。

（3）语文活动课中的劳动教育。

①请进来型。可请劳动模范讲自己的追求经历，让学生进行会议记录训练，然后组织学生互评互改。这样既从思想上使学生受到了正确人生观的教育，又培养了学生记录的能力。也可请劳动能手现场献艺，让学生书面或口头介绍全

过程，培养学生"听""说"或"写"的能力。

②走出去型。可组织学生参观工厂或农村的先进单位，然后写调查报告，使学生既增强了为祖国建设事业认真读书的信心，又锻炼了写作能力。也可组织学生分头采访劳动模范、先进典型，然后指导其写通讯报道、人物特写等。

③独立完成型。可布置学生有目的地课外阅读反映劳动战线的报纸杂志和文艺作品，摘录其中的精彩片断，然后举行读书笔记展览。也可举行"我爱劳动"演讲比赛，让学生谈自己的体会，训练"说"和"写"的能力。

以上所谈，只是语文教学中对学生进行劳动教育的基本途径。从劳动教育的角度看，这方面的教育也主要是解决学生思想问题。思想问题解决了，学生热爱劳动者，爱劳动，把成为社会主义建设事业的劳动者作为自己的奋斗目标，进而就会主动要求学习各种劳动技能，劳技课就会充分发挥其作用，那么，我们语文教师所做的努力也就达到了目的。

（道真自治县民族中学　宋文刚）

### 五、让劳动教育走进初中英语课堂

从教已达二十余年，待了两个学校，在山区任教的那些日子，由于条件艰苦，很多孩子都能自觉参与学校和家务劳动，而且每年还要放假一周让孩子回家参与劳动锻炼，那时的孩子懂事、节俭、独立生活能力强。而今，生活的环境越来越好，很多孩子由于没有经历过苦难的日子，养成大手大脚的坏习惯。家长也只关注孩子的学习成绩，认为只要学习成绩好就行，对这些独生子女宠爱有加，在劳动上大包大揽，导致孩子的劳动意识很差，在家里大部分都过着饭来张口、衣来伸手的日子，这样的习惯一旦养成，孩子踏上社会，必然备受挫折，走向失败。

《义务教育英语课程标准（2011年版）》明确指出：通过英语学习使学生形成初步的综合语言运用能力，促进心智发展，提升综合人文素养。2016年9月13日，北师大举行了中国学生发展核心素养研究成果发布会，会上对学生发展核心素养的内涵、表现、落实途径等作了详细的阐释。在社会参与的劳动意识方面表现为：尊重劳动，具有积极的劳动态度和良好的劳动习惯；具有动手操作能力，

学生核心素养

掌握一定的劳动技能；在主动参与的家务劳动、生产劳动、公益活动和社会实践中，具有改进和创新劳动方式、提高劳动效率的意识；具有诚实合作手段创造成功生活的意识和劳动能力等。

在英语教学中培养学生的各种生活能力，渗透劳动教育，是英语教育的一部分，而人教版初中英语教材中含有劳动教育的题材不少。如七下 Unit 12 What did you do last weekend？八下 Unit 2 I'll help to clean up the city parks 和 Unit3 Could you please clean your room？等，我们可根据单元话题引导学生做家务劳动、参与社区劳动锻炼。除单元话题之外，单词教学中也含有劳动教育的事例，如:clean the table（擦桌子）、wash the dishes（洗碗）、tidy up（收拾）等，教师应充分利用教材中的话题培养学生热爱劳动的习惯和情感。

案例及展示过程（以人教版初中英语教材八年级下册 How do you make a banana milk shake 为例）

美国纽约大学的心理学家詹里姆·布鲁诺通过研究发现，人类的学习活动主要是在实践的过程中通过视觉和听觉来进行的。在英语教学内容中加入多种感官线索，综合影像、声音、感触和动作等，有利于提高学习者学习效果。笔者在执教人教版八年级英语上册第八单元 How do you make a banana milk shake? 时，设计了一个完整的制作香蕉奶昔过程，把教学内容和劳动教育有机结合起来，让学生在学习知识的同时，参与劳动，感受到劳动的乐趣。

（一）Preparing and revision（准备与复习）

Look and say（看和说）

课前教师准备了一个果汁机，菜板，刀子等，在课堂上通过展示实物，引导学生学习或复习单词和词组：blender（食物搅拌器），pot（锅），spoon（勺子），younger（酸奶），honey（蜂蜜），bananas watermelon（西瓜），salt（盐），sugar（糖），popcorn（爆米花），cheese（奶酪），corn（玉米），turn on（打开）等。

【设计意图】以"学习制作香蕉奶昔"作为本课的目标和主线，通过"制作香蕉奶昔"为学习内容，让学生在劳动中学习新知。学生对教师所准备的物品感到好奇、充满期待，教师也能花较少的时间导入主题，开始一节课的课堂教学。

（二）Presentation and practice（展示与练习）

1.教师展示 blender（果汁机），让学生知道如何使用果汁机。

【设计意图】让学生学习使用果汁机，为下面制作香蕉奶昔、参与劳动作铺垫。

2.Show how to peel the banana and cut it up.( 教师展示怎样剥香蕉、切香蕉 )。

【设计意图】学生通过剥香蕉、切香蕉这一环节，在体验中学习了英语词组及短语，调动了学习的积极性，品味到劳动的乐趣。

3.Put the banana and ice-cream in the blender.Then pour the milk into the blender.Next turn on the blender .（学生把香蕉、冰激凌和牛奶放入果汁机，启动果汁机）

【设计意图】这些活动让学生融入真实的情境中，让学生再次感受到劳动乐趣，对劳动成果充满期待。

4.Turn on the blender,pour the banana milk shake into a glass and drink.（学生打开果汁机，把牛奶倒进杯子里并和同学们一起品尝、分享）。

【设计意图】学生能在参与体验中学习知识，和同学分享劳动成果，体验到喜悦感、成就感。

5.Clean the desk,wash the dishes and put the rubbish into the dustbin.（学生擦桌子、洗餐具、把废弃物放进垃圾箱）

【设计意图】擦桌子、洗餐具、把废弃物放进垃圾箱能让学生在学习英语中再次参与劳动，也教育孩子要做一个整洁的人。

（三）Summary（总结）

Review how to make a banana milk shake.（让学生回顾怎样制作香蕉奶昔）

【设计意图】学生巩固制作过程，为回家给家长制作水果沙拉作铺垫。

（四）Homework

为父母制作水果沙拉。

【设计意图】通过学生制作水果沙拉，能巩固英语知识，也为学生参与劳动创设情景。

【案例反思】

1.生活化的课堂

本节课以制作香蕉奶昔为主线，老师通过课前准备食物及道具，给学生创设了真实的情景，学生在体验中学到了英文知识，这正是《课标》所倡导的——教学情境化。同时，学生亲身参与了劳作，在劳动的过程中能悟出很多哲理，这远比老师说教更有实效性。

2.幸福的作业

本节课后作业是学生为家人制作水果沙拉，作业能紧扣本节知识，让学生学以致用。而且，本次作业也易于操作，食材选择、水果沙拉的制作也不会花费太多时间，从 QQ 群上传的作品来看学生完成得很好。这样的一项作业培养了学生的动手能力，增进了父母与孩子的感情。

教育的首要目的是培养德智体美劳全面发展的"新时代"社会主义建设者和接班人。"时代新人"的一个重要特征就是具备劳动的素质，能弘扬劳动精神、崇尚劳动、懂得劳动。作为教育工作者，我们一定要树立现代育人观的思想观念，一定要重视劳动在学科教育中的重要作用，摒弃"有劳无教"、"有教无劳"现象，潜移默化地在学生创造性的实践活动中培养其劳动技能，养成善于劳动、乐于劳动的习惯。

（道真自治县民族中学　霍攀）

### 六、人教版七年级英语教材教学中如何渗透劳动教育

劳动教育属于道德教育的范围，对于以前农村的初中孩子来说，简单的劳动不需要在教科书中教，砍柴，打猪草，做饭，洗碗这些简单的家务劳动是他们生活的必备技能，但是对于现在城镇生活的孩子，由于生活条件的改善，家长生活观念的改变，认为孩子的主要任务就是读书做作业，没有必要做家务，所以导致大部分孩子习惯了衣来伸手，饭来张口，基本的劳动习惯都没有养成，这就需要在教学中去不断的渗透劳动教育。初级中学英语教科书中的大部分知识都渗透了德育因素，人教版英语七年级教科书也不例外。那如何在七年级英语教学过程中渗透劳动教育呢？

1. 根据学生实际情况，分析两册教材，找出最适合渗透劳动教育的单元

人教英语 Go for it 教材七年级两册书共 24 个单元。结合学生实际，大部分孩子都是住在县城，平时能做的劳动无外乎就是学校卫生大扫除，家庭生活中的帮助家人洗衣做饭，打扫卫生等。或者偶尔的参加城市清洁志愿者活动。根据这一特点，上册十二个单元中，最适合渗透劳动教育有第四单元：Where is my schoolbag? 下册十二个单元中，最适合渗透的有第一单元：Can you play the guitar? 第六单元：I am watching TV.

2. 结合单元内容，在情景教学中渗透劳动教育

七年级上册第四单元：Where is my schoolbag? 第四课时阅读教学，让学生阅读找出 Kate 和 Gina 两个孩子的物品摆放位置，从而引出两个思考问题，Is Gina tidy？Is Kate tidy？在学生解答的过程中他们会发现一句关键句：I'm tidy, but Gina is not? 原因是，"我"的书摆在书架上，"我"的东西都整齐地放在了该放的位置，而妹妹 Gina 的东西到处乱放，一天都在找东西，"我的笔在哪儿，我的书在哪儿，我的钥匙在哪儿。"通过对比两姐妹的生活习惯，让学生反思一下自己的生活习惯，老师顺接："Is your room tidy？ Please tell me about your room? "还追问学生平时有没有整理自己的物品、打扫自己的房间、帮忙做家务的习惯？同时，布置一道家庭作业，每天把自己的房间整理干净后，发一张照片给老师，保证习惯的养成，这样就顺理成章的渗透了劳动教育：让学生平时养成整理自己物品、做家务劳动的好习惯。

七年级下册第一单元 Can you play the guitar? 这一单元内容是询问孩子们有什么能力，想加入什么社团，或者兴趣小组。教师可以通过这一话题告诉孩子们，每个学校都有各种各样的社团和兴趣小组，假期还有各种各样的社会实践活动，学生可以根据自己的兴趣选择自己喜欢的社团加入，这样不仅可以丰富自己的业余和假期生活，还能增加社会实践经验，锻炼自己的生活能力。

七年级下册第六单元：I am watching TV. 这个内容的第一课时，有 cleaning my room, washing the dishes，making the soup 等关于孩子们做家务的场景，这就给学生一个很好的劳动情境教育。让孩子们回家适当地帮忙爸爸妈妈做点力所能及的家务劳动。锻炼自己独立生活、照看他人的能力。

中学英语教学是前接着小学，后连着高中，起着承前启后至关重要的作用，所以我们一定要重视七年级英语教学的启蒙阶段，在教学中我们一定要用好这本教材，把好这个关，适度的渗透劳动教育，为未来的栋梁之材早早种下热爱劳动的种子。但是教材的内容是非常有限的，更何况只是七年级教材，对于孩子一生需要掌握的劳动技能来说简直就是沧海一粟，所以，一个优秀的老师可以根据自己的教学设计，以教材知识为载体，在平时的教学过程中适时适度地渗透劳动教育、人际关系、思想品质、爱国主义和社会主义等方面的教育。让学生在学习英语的过程中，不忘劳逸结合，树立正确的思想和培养良好的品德；使他们明确学习外语的目的，端正学习态度，培养克服困难的意志和毅力，得到良好的道德教育成为德智体美劳全面的有用人才。

（道真自治县民族中学　何艾云）

### 七、中学美术教学实践中渗透劳动教育初探

在应试教育的今天，美术课往往在教育教学中，成为点缀物、装饰物。但

凡有学识的人，都不能否认，文化艺术修养在人的素养中占有极重要的地位。只有具有良好艺术修养的人，才能成为素质良好的人，离开了文化艺术修养，素质结构就有了致命的缺陷。在经济和社会急剧发展的今天，越来越多的有识之士都认识到，经济的发展取决于有没有高素质的人才，而培养高素质的人才，必须施之于全面的教育，包括艺术教育。美术课作为必修课开设，目的在于提高全体学生的文化艺术修养，以完成素质教育的任务，这正是适应教育转轨的需要。

1.美术是质、材与精神的统一体

物质材料是美术作品的传达媒介。例如：在《建筑的艺术特点》一课中，特别选出法国埃菲尔铁塔，其巨大的钢铁构架显示出法国 19 世纪末资本主义蓬勃发展的时代背景，它更是世界建筑史上具有划时代意义的伟大建筑。它是从设计竞赛 700 多个方案中评定出的，并讲述铁塔建成前后，连连遭到社会各界贵族和文艺界显赫人物的反对，引申到一件新生事物的出现是多么的不易啊！面对各重压力埃菲尔毫不动摇，他愿意承担一切风险去完成前人没有做过的，但他对此充满信心的伟大事业。通过事实，至今证明埃菲尔的确是一位非常杰出的工程师和艺术家。每个人面对创新的艺术必须具有可贵的精神。此外，长城那砌筑于高山顶峰的蜿蜒万里的巨大实体，也正是中华民族精神的一种体现。

2.美术又是劳动创造的精神产品

它是通过艺术家的操作成为物质化的成型产品。例如："龙"和"凤"是神灵性的动物，是人们通过生产劳动中想象出来的，寄寓"天下太平""吉祥如意"的美好心愿，又例如：在《培养审美的眼睛》一课中欣赏齐白石的虫鱼、花卉、蔬果，让学生感知到的不只是花鸟、虫鱼、蔬果，而是那清新放浪春天的生活气息引起的快慰和喜悦，感悟到的自然生命的可爱和可贵。齐白石对绘画艺术的突出贡献是将质朴天真的劳动人民的情感与传统文人画形式有机结合在一起，使他的绘画具有雅俗共赏的特点。在《中国画技法》一课中，通过学生欣赏、运用审美的眼睛后，告诉每位学生画家齐白石自己亲身养育河虾，经过十年的锤炼，熟练的利用国画的纸、笔、墨的特性研习出成功的《虾》画来。他在 63 岁时，还在不断提炼、取舍；78 岁时，仍然研习，使国画写意技法的"艺术妙在似与不似之间"的画理，体现得淋漓尽致。

3.美术是人类经济、社会发展和信息传播的载体

学生通过学习、观摩优秀的美术作品可以了解历史发展各阶段的文化、社

会状况。例如：在《中国古代人物画》一课中，欣赏宋代张择端的《清明上河图》中，可以看到宋代的社会风俗、建筑制式、贸易的方式等，这比文字的介绍要直观，要生动准确。可以从《簪花仕女图》了解唐代宫廷生活的某个侧面，通过服装、发式进而体会生活方式、社会时尚和审美趣味。总之，更不用说史前文化不是靠文字而是靠图形来传播信息的，现代人们只能通过图形，了解、认识这阶段的历史。美术作为一种艺术形式，并具有艺术审美和陶冶情操的功能。通过画面直观欣赏与现代生活进行对比，让远古的历史文化回到每位学生的眼睛里，对比出现在生活发展中出现的网页设计、动画设计、工业设计等艺术门类，影射到当今社会更需要当代青年学习创新的艺术知识。

4. 体会美的形象和意蕴，提升审美价值

美术家在创造作品中，将自己的思想、情感、意志、心境、精神和审美理想等倾注于其生产的全过程，物化于作品之中。例如：在《中国古代花鸟》一课中，品位竹的坚韧——"竹贵有节，人贵有恒"；梅的俊俏——"梅花香自苦寒来"，"梅花欢喜漫天飞"；兰的幽香——"兰之花中隐君子者也"；荷花的高洁——"出淤泥而不染"，"濯清涟而不妖"等的绘画作品，借物抒情，托物言志，而给予艺术于夸张、强调，象征中华民族高风亮节的气概。美术作品塑造的模范人物是一种模拟人性的显示，更是为人们树立学习的榜样。在《培养审美的眼睛》一课中，讲述达·芬奇从小爱画画，他画的是我们日常生活中常见的东西。他去请教老师，老师就教他从画简单的鸡蛋开始。他每天画几十张、上百张鸡蛋，锻炼了毅力，培养了创新精神。最终达·芬奇一生完成的绘画作品件件都是不朽之作，并且善于使艺术创作与科学探索结合起来，他的技术发明也遍及民用、军事工程、机械各方面。因此恩格斯称赞他"不仅是大画家，而且也是大数学家和工程师。" 此外美到处都有，美育可以在教学中进行，也可以到大自然和社会生活中进行。

（道真自治县民族中学　田智）

## 八、浅析物理教学中的劳动教育渗透

为了强化劳动教育，切实贯彻党的教育方针，全面提高义务教育质量，根据《中共中央、国务院关于深化教育教学改革全面提高义务教育质量的意见》精神，为全面落实"五育"并举，特别是在中小学生中加强劳动教育等方面的重要举措。针对当前中小学校劳动教育缺失、学生劳动锻炼少、劳动意识淡漠的现状，使学生在德智体美劳诸方面得到全面发展，具有重要的意义。近几年，通过多年的教学感悟获得一些体会。物理学作为一门自然科学，有着从生活走向物理，从物理走向社会的课程基本理念，掌握好物理教学下的劳动教育渗透，是我们每一个物理老师所具备的基本素质。

初中物理教学作为学校教育的一个重要组成部分，是现代技术和工业的科学基础，作为一门教学科目，它要使学生知道科学技术发展的方向，要通过不断的学习来解决生活中所遇到的问题。根据初中物理课程标准理念，在物理教学中要注重学科渗透，关心科技发展，培养学生将所获得物理知识运用到实际生活中，就必须要在物理学科教学中与学生劳动教育相结合，理论与实践相结合，脑力劳动与体力劳动相结合，从多方面培养学生劳动观念，使学生真正能够学以致用。

通过生活实例培养学生学习兴趣和求知欲在教学中，我们经常遇到很多学生学习效率不高，掌握知识不灵活，学习物理知识感到抽象，学习困难，原因主要是学生在学习过程中不动脑思考，不会将所学知识与社会生活联系在一起，在学习上没有求知欲，为了培养学生学习物理知识的求知欲，充分调动他们的学习兴趣，就要安排学生参与到课外劳动锻炼中来，能使学生牢固理解和掌握知识。我校八年级物理组为培养学生学习兴趣和求知欲，开展了社会实践活动，提供了多个社会实践劳动主题供学生参考选择，其中《物理知识在社会生活中的运用调查》这一主题被大部分学生所选。通过学生小组合作收集在生活中的物理运用实例，解释这些实例的物理原理，既开阔学生的视野，同时通过小组合作培养了学生的合作意识和解决生活中物理知识的能力，从而提高学生的学习兴趣。

培养学生知识运用掌握知识的最终目的在于运用，学生通过运用知识于实际不仅可以形成技能、技巧，还可以检验所学知识，提高在物理学科学习的获得感等，都具有重要的意义。怎样才能将物理知识运用到实际生活中去，并能够激发学生的学习，提高学生的综合能力，我们主要开展了以下工作。

我们八年级组通过社会实践活动的方式，让每一个学生都参与到生活劳动中去，我们通过《课外小实验与小制作研究活动》和《物理实验学具制作与设计》活动，将八年级学生自由分配到物理实践活动中来，通过我们一个学期的活动开展，初见成效。他们运用所学物理知识制作了学具供全体同学使用，还完成了一些科技制作作品，在每周五的社会实践课上，同学们就将他们在家里劳动完成的成果带到学校来，通过在班级评比介绍由指导教师进行评奖表彰鼓励，看到自己完成的作品被老师和同学称赞，使他们感觉到了成功的喜悦。

部分章节知识单独布置任务，比如通过学习《物质的密度》一节后，学生知道了如何使用天平，如何通过生活中的工具去测量某种物质的密度，学生就可以通过课余时间测量生活中食用油、黄金首饰、石块等物质的密度。学习了《家庭用电》及电学知识，他们对家庭电路有了新的理解，原来"电"并不可怕，只要把知识学扎实了，再通过平时的实践劳动，就可以掌握新的技能服务社会。

总之，在物理教学中，要注重劳动教育的渗透，教师要关心关爱学生，帮助学生解决学习和生活中的困惑，树立劳动观念，把握课程理念，从德智体美劳方面全面培养，让学生通过参加劳动，领悟到物理知识在生产生活中的实际运用，真正体会到"在乐中学、在学中乐"。

（道真自治县民族中学　刘浪）

### 九、例谈物理教学中的劳动教育

2019 年，中共中央、国务院印发了《关于深化教育教学改革全面提高义务教育质量的意见》，要求加强劳动教育，充分发挥劳动综合育人功能，制定劳动教育指导纲要，加强学生生活实践、劳动技术和职业体验教育。将学生参加劳动实践内容纳入中小学相关课程和学生综合素质评价。教育部在全国教育大会上的讲话中强调，劳动可以树德，可以增智，可以强体，可以育美，将党的教育方针中有关全面发展的内涵从'德智体美'扩展为'德智体美劳'，强化了劳动教育的要求。

如此看来，劳动教育对青少年尤为重要，在此，我想劳动教育重在指体力劳动，对于现在的学校没有劳动基地，特别是城镇学生，大多孩子又是独生子女，学生家务都做得少，加上繁重的学业负担，学生的劳动意识和劳动能力都较差，迫切需要重视与培养，作为教育工作者，如何实施劳动教育，首先我认为要认识到位，我认为劳动不只是指幅度大的体力活，只要能增智、树德、强体、育美的实践活动都是劳动。其次是有具体的劳动任务安排，并要有好的主题，凡事都要做到有的放矢，目标明确，意义凸显，好的主题可以激发学生的兴趣和动力，促使学生参与。再次就是要有劳动反思、分享，最大限度地发挥劳动的功能。

对于物理学科教育，精心组织安排，创造条件，提供平台，也不乏让学生参与劳动的方式，如下就是我在以往安排的学生课外实践活动的基础上进行的改进措施，让学生在完成课外作业的同时渗透劳动教育，体验物理来源于生活，从而更好地实施劳动教育。

1. 设计好的劳动主题

物理来源于生活，物理学就是寻找规律、探究原理的自然学科，在有限的课堂上或在实验室进行简单的实验探究，其实就是做一些简单的验证或推理，要深刻理解或更好地揭示，还要进行大量的试验，更多的还得有体验，从感性认识上升到理性认识，从定量到定性来判断。有了好的主题，实践活动或劳动才有目标，问题的设计还得有操作性、实践性，最好能使每一个学生都能在家独立完成。如在学习完热学知识后，可设计这样一个探究任务：在家用高压锅和普通锅炖同质量的猪脚，食材要自己准备，并且要求学生思考：高压锅节约时间的原理是什么？你得到的结论或经验是什么？设计这个家务的目的，一是让学生去完成实验室无法完成的实验探究，对课堂实验的不足也有较好的弥补，通过了解生活器具的物理原理，去体验生活，掌握生活常识，培养自立能力。二是操作性强，这个食材容易得到，需要的器具几乎家家都有，准备吃的东西学生乐意去做，家长也乐意支持。三是一举多得，通过对食材猪脚的准备，学生要去经历洗猪脚甚至可能要去买猪脚的过程，从而积累生活经验，并得到劳动锻炼。四是意义非凡，让学生通过劳动锻炼和实践过程得出结论，高压锅煮东西比普通锅要快的原理，认识到"快"不是别的是因为温度高而快，高压锅就是能让水的温度大幅度提高，而普通锅则不能，由此节约时间，节约能源。并让学生通过亲身劳动成果去告知家长，走出用大火炖东西比小火快的误区，知道用普通锅煮东西时，水开了就用小火煮从而节约能源的常识。

2. 合理安排劳动任务

根据我县现在九年级学生现状，每年毕业生 4 000 多，示范性高中只招 1 000 余人，大部分家长又不愿读职业学校，所以还受制于应试教育的影响，升学压力大，不得不做较多的习题，周一到周五几乎没时间考虑家务劳动与社会实践，甚至很多学校几乎是封闭式教学，整天在学校，除了体育课，学生几乎都在教室听课和忙于作业，从事脑力劳动。其他课外劳动任务安排多了，一是学生没时间去做，二是学生不会上心去做，适当安排劳动任务，有助于学生劳逸结合。如每天去完成家务中的一小部分，或某一件家务，如果让学生去做，每个人都有依赖或懒惰思想，如果我们班级老师根据学科特点协调布置好每一周的劳动任务，学生会为了完成任务为目的去从事家务劳动，从而达到劳动教育的目的。作为物理教师，安排劳动任务的理由不少，如讲到杠杆知识时，安排学生去扫地，并特意安排用短柄扫把和长柄扫把分别扫地，分析其中的不同。学生通过完成扫地的过程，得到了劳动锻炼，通过问题的分析，培养了学生的物理知识的应用和分析能力。

3. 利用校园文化资源渗透劳动教育

学校为了凸显办学特色，都有自己独有的校园文化，如我校的办学思想就是"和美"教育。为了让"和美"教育落地生根，我校特别注重校园文化的打造，为此学校成立了农耕文化陈列馆，让很多地方农耕生产用具呈现在学校，让学生观察了解、体验传统劳动文化，如我校的食堂、活动场专门安放了石磨，为了让学生了解轮轴，我利用一节课让学小组学生进行了磨豆浆的过程，引导学生观察思考石磨用到的物理知识，并谈谈磨浆过程的感受，学生通过观察、体验，发现石磨中间有凹凸不平的花纹，原来是为了增大摩擦力，用木杆来旋转石磨是利用了轮轴省力，学生推磨没几分钟就觉得很费力，甚至大汗淋漓。试想如果住校生的早餐豆浆由学生自己来加工，那劳动锻炼的面会更大，传统文化的传承自然会延续。

作为物理自然学科，要能实现教学目标，培养学生物理素养，离不开生活，生活自然离不开劳动，只要我们在设计学生社会实践或课外研学活动的同时，充分挖掘利用校园内外的各种资源，融入较好的劳动主题，合理安排劳动任务，做好劳动后的反思与分享，学生在物理学科教学中一定能得到劳动意识的培养和劳动能力的锻炼。

（道真自治县民族中学　王祥禄）


**十、浅析体育课中渗透劳动教育的重要性及措施**

随着新课程改革的不断深入，将劳动与体育教学相结合，通过让学生参加社会劳动实现对体育教学的实践与体验，使在溺爱中长大的孩子体会到长辈们的辛苦，让他们从小拥有一颗感恩的心，培养他们热爱劳动、热爱生活、坚持锻炼的良好习惯，从而有效地实现教育教学目标。

1. 劳动教育的重要性

毛泽东曾说过"欲文明其精神，先自野蛮其体魄"是"为祖国健康工作50年"的根本保证，也是个人心智发展、成长成才的必要前提。习近平总书记始终把青少年的健康挂在心头，"足球要从娃娃抓起"的寄语到"就青少年视力健康问题"的指示，从"德智体美"到"德智体美劳"，一字之差，体现了我们党对于引导学生崇尚劳动、尊重劳动的关切。

通过劳动教育，可以引导中小学生尊重劳动、尊重劳动者。对大多数学生来说，既不懂得稼穑之苦，也不知道自己现在优越的生活，是靠包括父母在内无数劳动者的辛勤付出才获得的，所以他们很难从内心去尊重劳动，尊重劳动者。也许在学校的一些相关课程中会有所涉及，但是老师的说教显然无法和孩子自己从事劳动所获得的体验更加深刻，也更加懂得劳动的价值和意义。

通过劳动教育，可以提高学生掌握"自我服务"的实用技能。如现在家政服务的费用越来越高，不管是换个灯管、打扫居家卫生动辄都是百元起步，加重了市民的生活成本。但实际上这些劳动技能，只要具备一些基本的工具，都是可以掌握而不用求助于人的。所以，现在对初中学生进行劳动教育和培训，也是为了提高他们现在和未来的"自我服务"能力。

2. 体育教学中渗透劳动教育的措施

体育教学目标的设计，必须坚持"健康第一"的指导思想，促进学生健康成长，创建美好情境陶冶情操，发展学生的各种能力，提高学生的竞争意识，从而获得身心健康，获得成功。体育源于实际生活，让劳动生活走进课堂，让体育贴近劳动生活，使学生发现体育的价值，增强应用意识，培养实践能力是体育教学的重要目标之一。

创设情境渗透劳动教育。如：在游戏"穿过森林"这堂课中创设情境，要让学生体验森林的感觉，给学生以美的享受。先来"草地"这个环节，然后，让学生坐在地上唱歌、跳舞、嬉戏等调整好身心，最后来到河边，利用"捕鱼"这个劳作游戏进行教学，提高学生的积极性，取得良好的效果。

利用体育课上场地的布置及借还器材等进行劳动教育渗透。如：利用学生的兴趣，适时地给予指导，帮助他们根据需要自己去布置场地器材，学生也可以满足劳动的体验。再如大家都认为借还体育器材是件微不足道的小事情，在一般情况下总会有许多同学争着去做。如果教师能及时抓住"虽是小事，却是在为大家服务"这一闪光点，让学生明白劳动是光荣的，让学生认识到劳动的意义，树立正确的劳动态度，热爱劳动，教育效果不言而喻。

自制体育小器材进行劳动教育渗透。如：体育器材多种多样，大多数是由学校配置的，也有很多是可以通过自己动手制作的。它们制作简单，使用方便，实用性、趣味性很强。而制作小器材，其实是一种手工小劳动，学生在制作过程中不仅能锻炼学生的动手能力，并且注意不断完善其性能，调整制作规格，客观上又促进了劳动方法的掌握。制作完成以后，他们在自制的器材上进行练习时，即满足了他们的炫耀心理，又促进了自主学习习惯的养成。

教师通过声情并茂的教学语言，创设劳动场景进行劳动教育渗透。如"立定跳远"教学中，采用模仿动物来进行教学，模仿"青蛙跳""小兔跳""老虎跳"等激发学生学习的兴趣。紧接着引导学生创编出青蛙、小白兔、老虎的动作。通过及时启发青蛙怎么跳，小白兔怎么跳，再让学生担任这些角色并加上音乐，他们就模仿青蛙跳、小白兔跳，嘴里还不停地学着动物的叫声，操场上就顿时出现一番热闹的场面。

（道真自治县民族中学　姜家贵）

### 十一、在数学学科教学中如何渗透劳动教育

把广大中小学生培养成德智体美劳全面发展的社会主义建设者和接班人，是我国教育方针长期坚持的目标。全面实施素质教育的今天，劳动教育更是不可缺失的一部分。《中共中央国务院关于加强大中小学校劳动教育的实施意见》进一步强调尊重劳动，重视劳动教育。《新课程标准》把劳动教育放在了非常重要的位置。我们每一位数学教师要深入研究教材，积极研究教学方法，将劳动教育渗透在教学活动中。全面打造劳动教育的氛围，将劳动教育常态化、情感化。学校、社会、家庭要树立劳动光荣的观念，自己的事自己做，他人的事帮着做，公益的事争着做的劳动氛围。培养学生形成正确的劳动观，即"劳动最光荣，劳动最崇高，劳动最伟大，劳动最美丽"。培养学生勤于劳动、善于劳动、热爱劳动。让学生通过劳动收获果实、通过劳动磨炼意志，明白人世间的一切成就，一切幸福都源于劳动和创造。

1. 精心设计教学活动，让学生动起来

劳动不能简单地理解为洗衣、做饭、打扫卫生。还可以用更多的词语来描述它，可以是务实、做事、操作、实践，是用人的全部感官去认知和学习。《数学课程标准》指出："数学教学是数学活动的教学，是师生之间、学生之间交往互动与共同发展的过程。"在教学中，从学生的生活经验和已有知识出发，创设生动有趣的情境，引导学生开展观察、操作、猜想、推理、交流等活动。精心设计学生动手操作的教学活动，学生通过操作不断地感知、理解新知识。

在课堂教学中,教师创设提供机会,让学生真正地动起来,也是劳动教育的渗透。例如:《等腰三角形》的教学这样设计:

课前准备,课前将学生分成小组,每个学生都要去准备必需的学习用具,长方形纸片和剪刀。在准备材料的过程中同学们会思考怎样合适,怎样找到这些工具,这些都是一个需要劳动参与的过程。自己动手,自己想办法解决问题。同时又不难完成,他们也会很乐意的去做。

2. 活动探究

(1)请同学们用自己准备好的长方形和剪刀,小组合作,完成操作。①将长方形纸片按图中的虚线对折。 ②再按第二个图中的样子减去一个三角形。③再将它展开,将三个顶点标上字母。④思考这是一个怎样的三角形? 有什么特点?

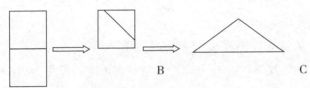

这样的活动设计,条理清楚可操作性强,有步骤能够让每个学生都真正的动起来,并在活动中获得知识。在实际操作中亲自体验剪刀剪过的过程,体验剪过的边是相等的,它是一个等腰三角形。

(2)请同学们动手折一折,量一量,想一想这个三角形是轴对称图形吗?对称轴是什么? 有哪些重合的线段? 哪些重合的角呢? 这个设计对照设计一个表格,便于同学们完成,同时做对比找规律。小组合作交流。

| 相等的线段 | 相等的角 |
| --- | --- |
|  |  |
|  |  |
|  |  |

这样的活动设计,使学生动手又动脑,实现让学生动起来,通过合作交流完成表格,找到规律大胆地猜想,同学们会在动手操作中获得知识。数学活动使数学课堂充满生命活力,学生用心动手、细心观察、耐心倾听、动脑思考、严谨推理。这正是劳动教育无声的渗透。每节数学课堂教学,老师都可以精心地去设计我们的课堂活动,让学生真正动起来,在做中学,在动中收获。

3. 研究教材,挖掘数学知识中的劳动技术

数学是从生活中来,是为解决生活中的实际问题而生。比如,最简单的数字,

就是人们在生活中为了计数方便，先是用石头，绳子打结等一些实物计量，后来才逐渐演变成现在的数。数学知识中蕴含了很多生产劳动的技术。深入思考研究教材，挖掘数学知识中的劳动技术，在教学的过程中，体现数学的应用价值。

比如，我们教学《相似三角形》时测物高、物距等测量技术，"植树问题"中，行宽、行距、种植数量、种植面积、人员分配等种植技术；二次函数中，抛物线的解析式计算，精准的定位计算导弹发射轨迹，这些高科技的技术也离不开数学。一系列的生活劳动技术都需要通过数学计算来完成。因为数学是从现实世界的生活与生产中抽象出来的科学，反过来它又为生活与生产服务，作用于生产力的发展，所以数学中的很多实际应用题，比如，提高效率的问题，施工问题，都是劳动技术的体现，也都是劳动教育的素材。教师教学时，挖掘教材设计与学生生活相贴近的实际问题，让学生去思考去解决，提高解决问题的能力也是劳动素养的培养。

4. 综合社会实践活动体验劳动，提高劳动技能

数学教师要抓住数学教材的一个显著特点，就是实践性。初中数学教材中"综合与实践"是教材内容四大板块之一。每一个单元课后都有"数学活动"课题教学内容的设计。教师教学过程中充分利用这部分教材开展社会实践活动。综合社会实践活动的教学重在实践体验、重在综合应用。实践活动的开展，有利于培养学生应用意识，它是提升综合能力的重要载体，不仅培养学生应用数学解决实际问题的意识和能力，对学生的劳动技能也是一次提炼。让学生在实践中获得真知，获得劳动技能的培养。如教学《全等三角形》后数学活动"用全等三角形研究筝形"，可以设计选择一个好的天气教学生制作简单的"筝形"风筝，来一个放风筝活动。小组合作结合所学的知识，研究风筝的特征，然后自己制作一个简易的风筝，开展放风筝比赛。同学们在自己的劳动中获得成功的体验，获得劳动带来的快乐。再比如教学"直角三角函数"，把学生带出教室，让他们测一测旗杆的高度、教学楼的高度、铁塔的高等都能帮助学生加强劳动训练，提高技能。

除此之外，我们数学教学时还可以根据教材内容组织有意义的社会实践活动。比如学习了统计，可安排学生统计自己家的生活用电用水生活开支问题。教育学生勤俭节约，节约用水用电。

总之，劳动教育的最终目的是让孩子有社会生活的能力。数学与生活息息相关，数学教学中到处有劳动教育的素材。只要我们善于发现、善于挖掘、善于应用，一定能让学生用数学知识解决生活中的问题，体现劳动的价值、数学

知识的价值。

（道真自治县民族中学　夏长会）

### 十二、谈如何在生物教学中加强学生的劳动教育

2019 年 6 月 23 日，中共中央、国务院印发了《关于深化教育教学改革全面提高义务教育质量的意见》，在《意见》中明确提出了坚持"五育"并举的重要举措，并将加强劳动教育作为教育体系的一个重要方面位列其中。针对当前中小学校劳动教育缺失，学生劳动锻炼少，劳动意识淡漠的现状，为在学科教学中加强劳动教育，增强学生的劳动意识，就如何在初中生物教学中加强学生的劳动教育谈谈自己粗浅的看法。

笔者认为：要真正实现素质教育，让学生得到充分的发展，切实提高教育教学效果，教育思想的转变是先导。在《初中生物课程标准》中强调教师要"以提高学生的生物科学素养"作为指导思想，将学生的情感、态度和价值观纳入科学素养的范畴，因此，生物科学素养不仅包括对生物学基础知识的要求，更重视学生在能力和情感、态度、价值观方面的发展要求。在这里，更多地强调了教师必须树立"以学生为主体"的教育思想，让学生真正地走进大自然，并且带着生物知识走进生活，带着生活中的问题走进生物课堂，这样才能够使学生的综合素质得到全面发展。因此，结合生物学科教学组织学生开展好劳动教育是生物课程改革和发展的重要方面。

1. 结合生物教材设计劳动教育活动方案

新课标强调，教师应积极提供机会让学生亲自尝试和实践，并将科学探究的内容标准尽可能渗透到各主题内容的教学活动中。课程标准为此设计了若干科学探究的案例，如"探究影响鼠妇分布的环境因素""探究蚂蚁的行为""探究食物保鲜的方法""探究温度和湿度对霉菌生活的影响""探究植物细胞的呼吸作用""探究植物细胞的吸水和失水""探究酒精对水蚤心律的影响"等案例，提出了 20 余项具体活动建议供教师选用，其中许多就是科学探究活动，如"探究酸雨的危害""探究种子萌发的外部条件""探究细胞体积与表面积的关系""探究影响叶绿素形成的环境因素""探究光合作用的条件、原料和产物""探究发生在口腔内的化学消化""探究不同食物的热价"等活动建议，这些实验就可以让学生走出校园，走向社会，走进大自然，去探索，去实践，作为劳动教育去实验、去体会。

2.结合环保教育设计劳动教育活动方案

随着综合发展和人口的剧增，环境问题已从地域性走向全球性，成为人类面临的全球性问题之一，引起了世界各国的普遍关注，因此，环境教育在中学教育中也日益受到重视，这也成为劳动教育的又一平台。

随着环境问题日益得到关注，联合国和我国政府都确定了一些重大的环境节日，如4月7日"世界无烟日"、4月22日"世界地球日"、6月5日"世界环境日"等。每一个节日来临，教师可向学生具体地介绍它的由来和现实意义，让学生搜集资料，并探讨针某一问题我们应该如何去做。通过环保节日的宣传，不仅丰富了学生的知识，开阔了学生的视野，而且增强了学生的环保意识。

3.结合生活实际设计劳动教育活动方案。

环境问题有很多都存在于我们的实际生活当中，能够有意识地去发现并解决这些问题就是教给学生"学会生存、学会生活"。如我们学校附近就有一条玉溪河，曾经被污染得面目全非，于是可组织学生探寻源头，找寻污染源，并让同学们讨论提出具体的解决方案，写出调查报告。针对人们日常生活中产生大量垃圾如何处理这一问题，可设计"生活垃圾，你会分类吗"的实践活动方案，让学生去实践，这些活动贴近学生生活，可行性强，并且对学生的现在乃至将来都会产生积极而深远的影响，是我们进行环境教育比较典型的案例。通过这些劳动教育活动的开展，学生能将学到的生物学知识与劳动教育有机地结合起来，做到学以致用，这样理论与实践相结合，既丰富了学生的课余文化生活，提高了学生的素质，又开拓了学生视野，锻炼了学生的能力。

总之，让学生走出校园，走向社会，去关心社会发展，关注社会问题，改变学习方式，拓展学习资源，拓宽发展空间，参与劳动实践，增强生存体验，学生的生物科学素养和综合素质才能真正提升，运用生物知识的技能才能真正提高，情感态度和价值的内容才能真正丰富。生物课程的学习为加强学生劳动教育充实了更多活动的内容及科学的研究方法，同时加强学生劳动教育为生物课程的学习提供了更多的学习方式和活动方式。在生物教学中加强学生的劳动教育不仅可以促进学生综合能力的全面发展，而且更能适应当前教育教学改革的要求。

（道真自治县民族中学　程泽其）

## 十三、浅析中学化学实验教学中渗透劳动教育的途径

中学化学作为"理论与生活"相结合的一个基础性学科，自身的知识体系和

知识内容涵盖了众多的劳动教育因素。利用劳动教育形式多样化和中学化学学科的特点，抓好劳动教育有利时机，运用恰当的教学方式在化学教学过程中渗透劳动教育，将会扩展素质教育的渠道，增添化学教学方式，丰富化学教学内容。

1. 劳动教育是实现素质教育的一个重要途径

如何从学科特点出发，结合劳动教育的特点去挖掘中学化学教学的内容，这是一个值得深思的问题。对此，笔者就利用中学化学学科实验教学渗透劳动教育的途径，简单介绍自己观点和感受。

在讲解"二氧化碳的制取"时，笔者利用"氧气的制取"知识的回顾，设疑"二氧化碳制取的方法"，创设如何自主搭建实验装置的教育情境，让学生亲自动手操作，在实验中渗透劳动教育。利用资料阅读的方式，给出二氧化碳和氧气的相关性质对比分析二氧化碳的性质在组装实验仪器和收集装置的要点。通过实地操作，让学生亲自动手完成实验，一方面提高学生对于化学学科的兴趣和实验操作能力，另一方面，就是在自主搭建的教学情境中去劳动而获得实验成功。通过对中学化学教材的深度挖掘，有目的地对学生进行劳动教育，在调动学生学习化学的积极性的同时，还培养了学生的实验能力，也让学生体验到通过自身劳动获得成功的价值感。

2. 利用化学实验教学，传播劳动教育思想

化学是一门以实验为基础的自然科学，中学阶段正是学生成长的关键时期，是智力、能力的开发与提高的最佳时期。如何利用好化学实验教学传播好劳动教育思想，是培养学生创新能力的重要途径之一。在化学教学中渗透适当的劳动教育教育思想是每个化学教师义不容辞的责任。

比如，笔者在执教"氢气的实验法制取"时，利用启发式实验教学，通过前期理论学习，先让学生自主设计实验方案，明确本次实验目的是制取氢气，选取实验药品，理清实验操作的具体步骤，进而让学生自行组装仪器制备。在此期间，现场实时记录操作实验的数据和现象。待学生完成制取后，教师进行示范性演示，与学生前期操作进行一一对比分析，强化科学实验思维，让学生体验到"物之成于气，实验之成于动手"的乐趣。

3. 构建化学实验家庭化平台，寓教于劳动

化学教学是以实验为基础、以学生的学习实践和主动探索为主要特征的教学，是着眼于全面提高学生整体素质和个性发展的教学。2019 年湖北武汉爆发了新冠肺炎疫情，导致 2020 年度前期教学方式改为网络教学，学生上课方式

改变，还能在化学教学中渗透劳动教育理念吗？答案是肯定的，渗透劳动教育并非一定在课堂教学中才能实行。基于此疫情，笔者了解发现，在网络教学实验部分知识时，学生对于其理论知识部分掌握尚好，但是实验教学部分难以理解和掌握。根据此现象，结合在化学学科中渗透劳动教育，构建化学实验家庭式平台，使学生居家也能完成化学实验，完全独立自主设计到完成实验的过程，让学生充分体验"寓教于劳动"。那么如何来构建化学实验家庭化平台呢？

笔者将提供一个中学化学教学中的实例。在实验教学"溶液的酸碱性"时，教材采用的 pH 试纸直接检测可得其酸碱性。疫情期间，由于小区区域化封闭式管理，无法购买 pH 试纸这一实验材料，我们如何来检测物质的酸碱度呢？其实，居家也可以自制酸碱指示剂来完成该实验。笔者利用纸杯、筷子、纱布三个实验仪器和紫甘蓝、酒精、水、食盐水、食醋、肥皂水、苏打、漂白液、八种实验药品构建化学实验家庭式平台。给学生提供的资料为紫甘蓝，在我们生活中食用的紫包菜，其色素属于花青素类化合物，能在不同的 pH 值范围内呈现不同的颜色，酒精可以把紫甘蓝中的色素萃取出来，可以起到酸碱指示剂的作用。让学生自己动手实验操作、观察记录实验现象、得出实验结果。其具体的实验步骤：①用榨汁机将紫甘蓝榨汁，用纱布将榨好的紫甘蓝过滤，再将酒精按 1:1 的比例加入紫甘蓝汁中。②用一次性杯子量取水、食盐水、食醋、肥皂水、苏打溶液、漂白液。③分别将相同体积的紫甘蓝汁滴加入水、食盐水、食醋、肥皂水、苏打溶液、漂白液中，观察现象。

学生通过自制酸碱指示剂，对比分析八种实验现象，就能得到结论。通过这种方式，让学生将化学实验教学与劳动教育理念相结合，寓教于劳动。实践证明，学生内心深处是非常愿意动手操作实验的，绝大多数学生在实验时能够全身心投入，态度非常认真，具有探索精神。由此，构建家庭式的化学实验，不但能够使学生对实验部分教学的知识理解更加深刻，还能够将劳动教育与化学教学有效结合。

总而言之，在中学化学实验教学中进行劳动教育，需要教师在激发学生学习兴趣的同时，还要培养良好的劳动技能和理念，要有机结合学生的年龄特征和认知水平，有效渗透劳动教育就一定能达到化学教育的目的。

（道真自治县民族中学　许世均）

**十四、环境教育和劳动教育应融为一体渗透到初中地理教学中**

地球是人类共同的家园，"环境问题"是威胁人类生存的三大问题之一，关系到人类未来的命运。每一个公民都应具有保护环境的意识，并要有付诸实际行动的能力，这种实际行动其实就是引导学生劳动教育的过程。1992年的《地理教育国际宪章》指出地理教学可以为环境保护做出贡献。初中学生正是培养环保意识和劳动教育的关键时期，也具备付诸实际行动能力的人，我认为劳动教育在地理教学中可以做以下尝试。

1.明确地理教育在环保意识和劳动意识培养方面的目标和任务，并把这一目标和任务落实到实际行动中

地理是一门阐述人类生活与地理环境关系的学科，地理教学不仅仅是向学生灌输地理科学知识，更应承担起向学生进行环境保护意识，并加以劳动教育的任务。

初中地理教材提供了许多和环境有关的知识，如：世界气候、世界景观的地区差异，世界自然资源中土地、水资源的合理利用和保护，森林资源的环保作用和利用现状，生态环境资源的保护等。作为地理教师应利用这一学科优势把环境教育和劳动教育渗透于教学过程中，使地理这一学科成为"劳动"教育的主渠道，在教学中不仅要讲清地理知识，而且要详细讲解有关环境保护方面的知识，让同学们感同身受。

帮助学生树立保护环境从我做起、从身边小事做起的观念，让学生做环境的有心人，关注周边的环境问题，以身作则，积极地参与到保护环境的行动中，如植树造林，清理沟渠，拦沙清淤，校园中自觉打扫卫生、捡垃圾等，从而树立正确的环境观和劳动教育观。

2.认真钻研教材，挖掘初中地理教材中能够进行环保意识培养的内容

中学以前有关环保的教育比较分散、薄弱，而初中地理学科的教学内容为环保教育提供了便利条件。通过初中地理学习，使学生明白，自然资源不是取之不尽用之不竭的；环境对废弃物的容纳能力是有限的，对资源的无节制掠夺开发，对环境的任意污染与破坏，必然受到自然界的惩罚；通过破坏环境来侵犯他人的利益，危及子孙后代的生存，必将受到社会的谴责，从而明确对自然的道德责任和义务。树立"保护环境光荣，破坏环境可耻""保护环境人人有责"的新型环境道德观念。可是滥砍滥伐滥捕现象时有发生，滥排废气、废水现象屡禁不止，这是极为令人痛心的。因此在讲"森林资源"时，要让学生明确森林净化空气、保持水土、防风护田、吸烟滞尘、改变大气质量等作为"大自然总调度室"的重要作用。教育学生，由于滥砍滥伐造成土地沙漠化，水土流失

严重；乱排废气使得大气二氧化碳含量增加及森林面积减少使全球气温升高；两极冰川融化，使海平面升高，危及沿海居民的生命财产安全等，因此每一个公民都要遵纪守法，这样才能富国强民。要求学生成为大自然的优秀管理员，从自己做起，从小事做起，讲究环境卫生，如认真打扫教室区域卫生，随手关水龙头，断电源，植树种草等养成良好的行为习惯。帮助学生树立正确的环境观和劳动教育观，做环境的有心人，积极主动参加环保宣传和劳动教育活动，并带动周围居民也参加到实际行动中来。

3.研究教与学的方法，把环境教育和劳动教育有机地融为一体

注意采用互动教学：将地理课堂教学的"课堂"含义广义化，包括一般意义上学校的课堂，也包括网络、社区、野外的课堂。由于初中学生心理的特点，他们很乐意参与教学过程，教学时需要布设教学情境，可以把学生组织起来亲历这些过程。结合3月12日植树节，带领学生参加植树活动，学生实现了参与环境保护的愿望，在劳动中提高了环保意识，同时也深化了地理课本上有关知识的学习。

理论联系实际，将课堂上的环境知识转化为学生日常生活的环境意识。在学生学懂弄通地理环境知识的基础上，必须转化为实践活动，在实践中上升为环保意识。在地理教学中，必须十分重视理论联系实际，否则只能是纸上谈兵。如在讲"森林资源的可持续利用"时，可结合生活中使用的一次性筷子来讨论：一次性筷子使用后怎样来处理？学生很快得出结论：当垃圾扔掉。告诉学生最早发明一次性筷子的是日本人，可是日本人对用过的一次性筷子的处理不是作为垃圾遗弃，而是回收起来用来造纸，做到了可持续利用。从而启发学生如何节约能源、保护环境。

强化地理教学中"情感"因素。对于初中学生而言，学习动机、学习目的性还不强烈，愉悦、兴趣是他们的学习驱动力之一，"愉快"自然是学生乐于学习的原因之一。用生动有趣的"学习"或"讨论"来替代单调枯燥的"说教"。在初中地理教学中，则可充分利用了这一学科优势，对学生进行全方位的环境保护教育和劳动教育，让二者融为体，相信能够收到良好的教学效果。

（道真自治县民族中学　苏克勤）

第六章

劳动教育实践：道真自治县民族中学学生劳动实践做美食

# 制作仡山油茶

在贵州省道真自治县流传着这样一个故事:相传在上千年前,仡佬族先民们开荒寻草求生存,常饥饿难忍。突然,一仙女下凡路经此地,指点先民们采用山间绿油油的茶尖在口中嚼细咽下,不仅无毒,而且具有先苦、后甜、再香的滋味儿,而且能暂时充饥。逐渐先民将这种野生茶变为家种茶,将生食茶变为熟食茶,将泡茶变为油茶,并冠以"仡佬油茶、仡仙油茶"等美名。现在,道真仡佬油茶的加工技艺日趋成熟,饮用方法也趋于定型化,茶文化是仡佬族独具特色的饮食文化之一,喝油茶便成为仡佬族人不可缺少的一种食俗。

## 一、准备烧制油茶用的主要工具及材料

1. 主要工具:铁锅、木瓢(油松挖制的为佳)、瓷碗、砧板、锅铲等。

2. 材料:干茶叶、腊猪油、鲜油渣、花椒面、芝麻和花生米。

### 二、具体的制作方法

1. 第一步：熬制茶羹（此道程序对烧制油茶的质量至关重要）

（1）将猪油放在铁锅内煎热到 100℃以上，放入茶叶急速炒至焦黄使茶根发白。

（2）倒入适量的开水焖煮 15 至 30 分钟左右（水微干，熟透为止）。

加水

焖煮

（3）用木瓢背反复的使劲揉磨、搅压、揉挤，将茶叶捣烂如泥成羹状。把它铲起来盛在瓷碗里。

茶羹的熬制完成了，那么如何再加工把它变成美味可口的油茶呢？下面我们将具体介绍。

2.第二步：茶羹烧制成油茶

（1）用中火把锅烧烫加入油，把切好的鲜肉丝炒焦脆成为油渣铲起来，这时放入适量的茶羹到锅里煎炒（溢出香味，炒黄）。

（2）根据茶羹的多少，酌量放水（最好是泉水）煮沸。之后按其需要适量

加盐、油渣、香葱、芝麻花生面、花椒面一类佐料即可食用。

　　还可以在油茶里面拌入鸡蛋、炒豆，其味更为香醇。茶羹除了做油茶外，也可以与其他食品一并食用，做成油茶面、油茶粉、油茶汤圆、油茶稀饭等。

　　油茶的食用方法很多，味美独特，还有着神奇的功效，如提神醒脑、健身、防便秘和消化不良等，并且具有充饥和解渴的实用价值，同时还是仡佬族人款待亲朋好友及迎接贵客的重要食品，仡山油茶的香浓代表仡佬族人的热情、淳朴。

# 制作仡山道真灰豆腐果

　　道真仡佬族苗族自治县人民每逢家有喜事或丧事时，亲朋好友聚在一起吃丰富的大餐，在这些大餐中，总少不了一道主菜——灰豆腐果。我们这里流传着这样一个故事：据说灰豆腐果已有六七百年的历史。一说明万历年间，距道真旧城镇不远的插旗山上，有一寺院名灵岩寺，寺中有位卢姓尼姑，常年为寺里僧尼煮饭做菜，一次，她不小心将一小块豆腐掉进柴火坑中，直到掏灰时才发现这块豆腐已被烤得黄焦焦胀鼓鼓，尼姑捡起豆腐，感到香味诱人，于是吹去表面柴灰，掰一块放在口中细嚼，顿觉其味鲜美，便去找长老，把剩下的请长老品尝。长老品尝后，也觉得味道很好，长老便叫她按此制作，以做寺庙特殊食品，庙会期间或招待各路僧尼时，作为斋席上的美味佳肴献上。后来，这种豆腐果流传到民间，历经漫长岁月的改进，其制作工艺更加精细，品质更加优良，成了仡佬族人民的一种传统美食。因其制作过程离不开山中草木燃烧后的灰烬，所以百姓就叫它灰豆腐果。

　　灰豆腐果誉称"人参果"。据载昔为朝廷贡品，今为百姓佳肴。20世纪80年代经西南大学中心实验室测定，富含17种人体必需的氨基酸和丰富的植物蛋白，不含胆固醇。常食有健身之功，强体之能，是老幼皆宜的传统营养食品。

## 一、第一阶段：灰豆腐果的制作

灰豆腐是怎么做出来的

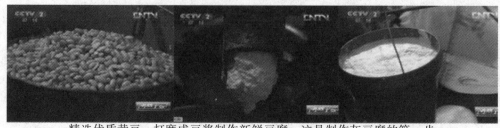

精选优质黄豆，打磨成豆浆制作新鲜豆腐，这是制作灰豆腐的第一步

1.烧豆浆，过滤制成豆腐。

做出来的新鲜豆腐，还要用白布包裹起来，进一步加工哦。

2.用三、四百斤的重物把它压实，压紧。和一般食用豆腐相比，要老得多。

3.把压实的豆腐切成小块。这种压实的豆腐又重又硬，切成一块也是很费力的活。然后给小豆腐块撒上碱，一定要撒均匀。

由于制作灰豆腐的白豆腐非常结实，所以切起来也是需要很用劲的哦。切的白豆腐要尽量均匀一些，不能切坏了。

4. 草木灰主要用桐壳灰。

**桐壳灰的制作**

桐子树结的果实成熟后，采摘到家中合适的位置堆放，直到果实表层变黑后，把种子取出，将外壳放在阳光下晒干后烧成灰，即得"桐壳灰"。

5. 把草木灰放在锅里，把它们炒得很热，直冒火星。如果灰不够热，豆腐果就炒不泡。

炒灰豆腐是一个很辛苦的过程，大概需要炒 20 分钟，房间里全是灰，所以是否炒好全凭经验判断，炒好的灰豆腐，从手指那么大变成土豆那么大，主要是加热过程中豆腐里的碱类发生化学变化，使得豆腐膨胀炸开，里面变成蜂窝一样的多孔状。

## 二、第二阶段：灰豆腐果的烹饪

把洗好的豆腐果（湿豆腐果更好），加盐和香料浸泡 10 分钟。

**灰豆腐果清洗流程**

| | | | | |
|---|---|---|---|---|
| 1.将干的灰豆腐果放入盆中 | 2.将水烧开后，倒入盆中浸泡 | 3.浸泡 10 分钟后翻一面浸泡 | 4.浸泡 20 分钟后，用手轻挤， | 5.再用清水清洗两遍后，就可以备用了 |

刚刚制作出来的灰豆腐外表一层很有韧劲，里面却十分鲜嫩，不过这样新鲜的灰豆腐保质期太短，所以网店里寄出去的都是烘干了的灰豆腐，实用之前需要用开水浸泡 3 小时左右。

灰豆腐果食用方法较多，常用于煮食、炒食和凉拌，如炖鸡、炖猪蹄、炖排骨，放入豆腐果稍煮一会，汤鲜味美。豆腐果与蔬菜共煮，用油辣椒蘸食，另有风味。切成块、片、丝，杂以肉片丝配炒，更有鲜味。切丝凉拌，是清凉爽口的素食。灰豆腐果烘烤成干品，用塑料袋密封包装，一般可存放一年以上。是老幼皆宜的保健滋补食品。

### 三、第三阶段：灰豆腐果的发展

以前，灰豆腐果只是道真和附近地区人民的一种喜爱的美食，在道真人民的努力下，它开始走向全国，走向世界。尤其是商标注册成功和中央电视台播放后，更是取得长足的发展。

现在，在淘宝上开多家网店，并且销量得到了很快的发展。随着快递行业服务条件的改善，为灰豆腐果走向全国，走向世界提供了条件。

制约灰豆腐果走向世界的不利因素主要有两点：一是湿豆腐果的保鲜时间只有 2 天左右，给运输带来了很大的挑战。二是干的灰豆腐果在口感上又逊色一些。虽然很多人都在为保鲜的问题上努力，但目前还没有想到可行的好办法，这是留给我们急需解决的问题，它使豆腐果的生产和推广受到了限制。

# 制作家乡味糟辣椒

　　初秋，新鲜的红辣椒大量上市。道真人喜食辣椒，而糟辣椒是道真人特有的一种做法。

　　1.拣辣椒。将新鲜的红辣椒择干净，去掉蒂把、去掉烂的、蔫的。

　　2.选辣椒。做糟辣椒的原料大都选用这种细长辣椒，有的长达25—30厘米，当地人称为山辣椒或朝天椒，而不要那种粗短的菜辣椒，菜辣椒本身不够辣及

剁碎装坛发酵后易化成水，而这种辣椒则保持剁碎后的形状大小不变。

3.选工具。专门定制打造的宰刀，刀口宽 20 厘米，加上木柄，刀的总长达120 厘米。这种刀剁起省力且手远离辣椒，这样不会辣手。（一定要将切菜刀洗净，尤其将油渍洗净，否则剁出的辣椒易坏、生霉、生花，戴上一次性手套像剁肉馅那样慢慢剁）

4.滤水分。拣择干净洗好的红辣椒，洗净后的辣椒用筲箕装起滤干水分。

5.加佐料。仔姜（即嫩姜）、蒜头瓣，同样拣择洗净晾干水分。一起放在盆里或桶里剁宰了。剁宰前在盆里或桶里垫上一块大小合适的木板以免盆、桶被刀剁烂。

6.看形状。当辣椒剁碎到这个程度就可以了（大概剁成 8 毫米大小的碎块）

7.加配料。在剁好的辣椒里倒入高度白酒。比例大约是 10 斤辣椒半斤酒，再倒入精盐，比例是 1 斤辣椒 50 克盐就可以了，盐放多了会太咸，放少了会太酸，还可以放一些花椒（颗粒，不是花椒面）然后搅拌均匀。

8.装坛子。搅拌均匀后就可以装坛存放了，注意装坛时不能装满，因为辣椒会自然发酵膨胀，如果装满了发酵后将会溢出。

装好坛后擦干净坛盘，盖好坛盖，加好坛盘水，经过十天左右色香味俱全的糟辣椒就可以食用了，它可用来加工许许多多的美味菜肴了。

如果没坛子装，可以照上述程序做好后，用洗净的玻璃罐或者塑料罐，记住不可装满以防爆裂，拧紧瓶盖，十天后即可食用，其味与坛子装的差别不大。

按以上方法试做，做好后装在坛子或者塑料瓶里，就可以吃到自己做的美味糟辣椒了。

# 制作仡乡糯辣椒

每到辣椒成熟的季节，勤劳的仡山妇女们就会制作一些与辣椒有关的食品，尤其是酸辣口味的。家乡有句俗语：三天不吃酸，走路打转转！家乡人吃酸从来不需要用醋来提酸，而是用食物酿制出纯正的酸汤、酸菜、酸辣子、酸肉、酸鱼来迎合自己喜酸的口味。在家乡吃酸，讲的是一个正宗、一个纯粹！而仡香糯辣椒就是其中之一，酸酸辣辣的感觉让人久久无法忘怀。

## 一、主要原料

1. 食材：红辣椒 500 g、糯米粉 250 g。
2. 辅料：油（适量）、盐（适量）。

## 二、制作步骤

1. 准备新鲜的红辣椒，洗干净晾干水分。

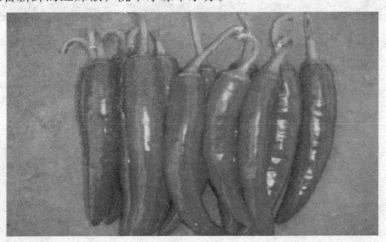

2.糯米粉，加水，拌成图片那样。

3.用小刀在辣椒上切个口，把辣椒籽剥出来。把拌好的糯米粉揉成长形。

4.把长形糯米条放进辣椒里。（糯米不要放太多，不然煎的时候不容易煎熟）

5.这样完成了之后把辣椒放在密封的大口专用的扑菜坛子里。一两周就可以食用了。

6.煎出来的糯米辣椒，因为放在瓶子里的原因，有点酸，加上糯糯的糯米，味道很不错。

# 制作风海椒

民间俗语有云："四川人不怕辣，湖南人辣不怕，贵州人怕不辣。"其实贵州人是全中国最能吃辣的，甚至在痛饮白酒的时候也不忘丢进嘴里几个辣椒。黔人食辣，讲究的就是一个"纯"字，没有五花八门的佐料，没有拐弯抹角的讲究，直奔主题而去。作为贵州古老的一个民族——仡佬族，更是喜欢把各种新鲜辣椒做成各式各样便于保存的辣制品，把辣椒吃的是淋漓尽致。

## 一、原料

新鲜的青辣椒(可以根据自己喜欢辣的程度采摘,要辣就采摘成熟点的辣椒)

## 二、制作过程

1. 把采摘来的新鲜青辣椒晒干，把干的青辣椒收好，要吃的时候拿出来做菜就可以了。

晒干的辣椒

2. 做风辣椒就像做其他菜一样，可以干炒，可以和其他菜一起做，做出来的菜，微微带辣，香脆可口，吃的人酣畅淋漓。

风海椒炒肉

风海椒炒鱼

# 制作鲊海椒

鲊辣椒是仡佬人家餐桌上的下饭菜。鲊辣椒是鲊菜之母，既可单独成菜也可加工许多鲊菜。其味咸中带辣，咸辣中约约透着丝丝酸气，是仡佬族辣菜系列的王牌菜，可口，开胃，营养丰富。我们今天就来实践这道菜的做法。

## 一、原料和工具

1. 原料：鲜辣椒、玉米面。
2. 工具：案板、菜刀、扣菜坛子一个。

鲜辣椒

玉米面

刀和案板

坛子

## 二、制作步骤

1. 将新鲜的红辣椒洗净沥干水分，剁碎。

剁碎辣椒

2. 与玉米粉拌和，辣椒与玉米面的比例一般为 2∶1，还可以根据自己的喜欢调节（想辣就少拌玉米面。不辣就多拌玉米面）。拌合好后不加盐，旋即装进陶坛之中，按紧，用干净稻草或玉米衣壳塞紧，倒置于一个盛有清水的陶盆之中，让其密封发酵，约一个月左右，一坛酸香扑鼻的鲊海椒就做好了。

鲊海椒装入坛子内

把鲊海椒密封发酵

　　一般家庭一年做 5—10 千克鲊海椒就差不多了。盆中的水隔 10 来天换一次（注意：密封的陶盆不能缺水，缺水鲊海椒就会坏掉，所以必须经常观察加水，这样可保存几年不变味）。

　　这一坛子鲊海椒就是许多鲊菜的母菜，它可以与肉、鱼烩菜，如鲊海椒炒肉，鲊海椒炒鱼，酸鲊鱼汤等等，你想怎么加工就怎么加工，你想做什么样式就做什么样式。它是不是一道非常有趣的菜肴呢？

炒鲊海椒

鲊海椒炒肉

# 学做水豆豉

## 一、简介

水豆豉是仡佬族苗族酿造调味食品之一，口味鲜美馨香，它是一种主要为细菌作用的发酵食品，可以直接佐餐，或做调料供烹调、蘸食之用。水豆豉以大豆为原料，煮熟后堆积保温。由于小球菌及杆菌的作用水解了原料中的蛋白质，同时由于呼吸热和分解热的郁积，使原料在堆积中升温达 50℃以上。大部分细菌在生长不利的条件下迅速形成这一产品所特具的黏液，并在分解中产生特殊的气味。

## 二、制作步骤

1. 准备原料：大豆、姜、花椒、食盐、干辣椒。

2. 将黄豆洗净，并在水中泡一天（10 小时左右）。

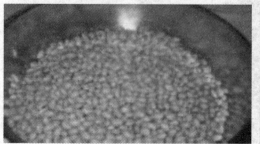

3. 将黄豆煮熟，放在温暖的地方发酵 3 天左右，发酵好时豆子之间有粘粘

的液体即可；将煮豆的水加少许盐并保存在冰箱里。

4. 将发酵好的黄豆，加盐、剁椒、辣椒面、花椒粉、姜末拌匀，再将煮豆的水（前面保存在冰箱加盐的煮豆的水）倒入，滴入少许白酒。

5. 将拌好调料的黄豆装入保鲜盒中，放在冰箱冷藏7—10天左右即可,炒菜、配粥、拌饭、佐面皆可。

### 三、营养价值

水豆豉看似简单，营养却很丰富。因为原料是大豆，所以它蛋白质含量高，含有多种维生素和矿物质，尤其是维生素 E 的含量甚至高于其他食物。豆豉不仅营养价值高，而且自古就有用豆豉入药的历史。中医认为，豆豉性味苦、寒、无毒，归经入肺、胃，具有解表清热、透疹解毒的功效，可治风热头痛、胸闷烦呕、痰多虚烦。豆豉中还含有大豆低聚糖，这种物质包括了原料大豆中所含的低聚糖，也包括了大豆经发酵后新产生的几种低聚糖，这些低聚糖又称双歧因子，它们可以改善人们的消化功能，提高机体免疫功能，降低肠道有毒物质的产生，从而可预防肠道肿瘤的发生。研究表明，大豆发酵后中的异黄酮，较生大豆中的异黄酮有更高的生理活性，大豆异黄酮可抗肿瘤、防衰老及防治老年性毛细血管脆化。食用豆豉是有益健康的，但外面的商品含盐过高，还是自己制作的比较容易控制也更有益健康。

# 制作甜酒

甜酒，又称米酒、酒酿、醪糟、古人叫"醴"。我们道真仡佬族人俗称"醪糟"，制取的主要原料是糯米（在80年代之前人们主要是用玉米磨成粉制作，随着生活水平的提高，现在主要用大米、糯米制作），制作的工艺流程较简单，是将煮熟的糯米饭拌上酒药（含有曲霉、毛霉、酵母菌等多种微生物）后，在无氧条件下，通过发酵而成的一种甜米酒，甜酒醇香浓郁，入口甜美，深受人们喜爱。可生吃，也可煮热吃（常见的有甜酒汤圆、甜酒鸡蛋等），是理想的绿色保健食品。

甜酒含有丰富的营养成分，食后能开胃提神及解除疲劳，具有补气养颜、助消化、健脾、舒筋活血、祛风除湿等功效，是中老年人、孕产妇和身体虚弱者补气养血之佳品。明代李时珍在《本草纲目》中举出70余种可入药的酒，其中甜酒列为首位。甜酒还是烹饪中的调味佳品，可消除腥膻气味、增加醇香甜味，增强食欲。

## 一、原料

1. 糯米（大米）
2. 酒曲（酒药）

## 二、制作步骤

1. 泡米

（1）先将米用水淘洗干净，再用水将米淹没，用手指能轻轻把米碾碎即可。

（2）将米沥干，没有水滴滴下即可。

2. 蒸米

（1）将蒸锅清洗干净后，铺上干净纱布。

（2）将泡好沥干的米盛装在蒸锅内。

注意：使米疏松，不要压实，可以用筷子在米上扎些孔。

（3）加盖蒸煮。

注意：一定要把米蒸熟、蒸透，米饭不能有夹生或硬心。

3. 拌曲

米蒸熟后倒在大而干净的容器里，并用勺子（或筷子）将米饭弄散摊匀，凉至不烫手（约35℃左右），将酒曲均匀地撒在米饭上，快速搅拌均匀。

注意：可用凉开水喷洒米饭，使其快速降温；酒曲的用量要适量，根据说明使用。

4. 发酵

（1）将拌好的米饭装入发酵容器中，并在中间挖个洞。

（2）将发酵容器密封放在适宜的温度下（30℃左右）， 两天左右（约24—48小时）即成。

注意：①如果外界温度不够可以用厚毛巾等将容器包上保温。

②在发酵过程中不要随意打开，但可以用手摸容器外壁是否发热，如果发热就是好现象，但过热，就将毛巾等撤开。温度过高和发酵时间过长都会导致米酒变酸。

5. 辨别甜酒的形成

发酵时间到了后，开盖看看、闻闻。如果是酥的，有汁液，气味芳香，味道甜美，酒味不冲鼻，便停止发酵，这时就可以食用了。如果发酵容器里长时间都没有汁液的话，那就是甜酒做失败了。

6. 酿制的关键

（1）整个制作过程所用的仪器要干净（最好清洗干净后用开水泡一会），尤其不能粘油。

（2）发酵时间过长会导致米酒变酸，故适时结束发酵是保持甜酒口味的关键。

（3）要有优质的原料（酒曲、米），严格无菌操作，避免杂菌污染，合理控制酿制条件（温度应控制在 30 ℃左右为宜）等。

# 学做骆家坝盐鸭蛋

## 一、简介

骆家坝盐鸭蛋，是道真仡佬族苗族自治县的特色菜肴。俗称咸蛋。盐鸭蛋在道真历史悠久，深受老百姓喜爱。

骆家坝盐鸭蛋制作方法独特，与众不同。用该方法制作的盐蛋，不仅色、香、味均十分诱人，而且保质期长，没有任何异味。骆家坝盐鸭蛋以新鲜鸭蛋为主要原料经过腌制而成，营养丰富，富含脂肪、蛋白质及人体所需的各种氨基酸、钙、磷、铁、各种微量元素、维生素等，易被人体吸收，咸味适中，老少皆宜。

## 二、备料

鲜鸭蛋，稻草（糯谷草），米，水，盐。

## 三、制作

1. 精选上好的糯谷草，烧成灰，然后把它碾碎成小粉末；再向里加适量的食盐，混合均匀，如图1。

2. 选择没有破裂的鲜鸭蛋洗净，晾干，如图2。

3. 用适量的米放入锅中加水煮，米汤较浓时停止加热，用筲箕把米汤过滤出来，装在小盆内。

4. 把洗净晾干的鸭蛋放入米汤中滚动，让它的外壳全部粘满米汤，如图3。

5. 把外壳粘满米汤的鸭蛋放入第一步制好的稻草灰中滚动，使其四周粘满稻草灰，如图4。

6. 把粘满稻草灰的鸭蛋放入瓦坛内密封腌制20天左右，盐蛋就腌制成功，如图 5。

7. 食用时，从坛内取出，清洗掉外面粘的稻草灰，煮熟后用刀切开如图 6，即可食用。

8. 鸭蛋腌制到盐味适中，可以取出清洗掉外面的稻草灰，放在冰箱内低温保存。

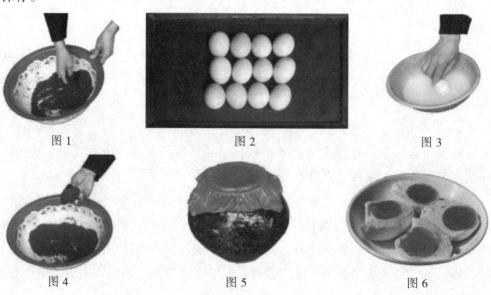

图 1　　　　　　　　图 2　　　　　　　　图 3

图 4　　　　　　　　图 5　　　　　　　　图 6

### 四、你来做做

根据前面制作的步骤，准备好相关的材料和器具，亲手制作骆家坝盐鸭蛋，当你在品尝自己的劳动成果的时候，内心一定会充满了劳动的喜悦。（温馨提示：在制作的过程中，稻草灰里的含盐量，大约是我们平时食用食品中含盐量的 20 倍以上。）

# 制作仡山风味——酸肉

曾流传着这样一种说法："几百年前，人们体力劳动量大，劳动了一天，回到家中，吃饭没胃口，干活没力气，好多人都年纪轻轻就因劳累且无食欲而死去。人们就想，要是有一种既有丰富的营养，又能提神的食品，该多好。酸的食品是开胃的，而肉是最能补充体力的，要是能把肉做成酸的，人们肯定喜欢吃。于是人们就根据做酸菜的原理试着做酸肉，果然不出乎意料，做出来的酸肉有一股清香的酸味涌上心头，吃后顿感精神百倍、香气宜人、清爽上口，食之不腻，增进食欲，于是人们就叫它酸肉。它已经成为家庭和酒店常备待客的最佳地方民族风味菜。

## 一、原料和工具

1.原料：鲜猪肉、食盐、花椒面、姜末、蒜末、干炒香脆的米面（或细玉米面）。
2.工具：铁锅、坛子、盆、筷子、菜板、菜刀。

猪肉、食盐、花椒面、姜末、蒜末、干炒香脆的米面

坛子

盆、米面、筷子

菜板、菜刀

## 二、制作方法

1.把自宰或购来的生鲜肉（最好是三线肉），连皮一起置于火上，将皮烧焦，用刀刮去焦黑污物，目的是除掉汗毛、污物，然后洗干净。

烧好皮的肉

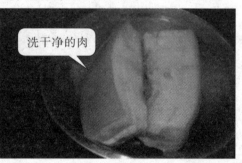

洗干净的肉

2.把肉切成20厘米长，7厘米宽的长条，放在烧开的锅里煮到5成熟，然后切成薄肉片盛入盆中。

切成长条的肉

薄肉片

3.将食盐、花椒面、姜末、蒜末、干炒香脆的米面（或细玉米面）分别倒入盛肉片的盆中搅拌均匀。一般的配比是每斤鲜猪肉用食盐8钱、花椒粒5钱、米面（或细玉米面）3两。如要肉酸一点，可适量减少食盐的数量。

4. 把肉一片一片地在搅拌好的米面中滚，让肉完全被米面（或细玉米面）包住。把滚好的肉放入洗干净晾干的坛中，同时加盖，并放坛盘水密封，置于阴凉干燥之处并注意经常保持坛盘水的充足，待到制成熟（一般夏天 15 天，冬天三星期）时，就可开坛取之食用。

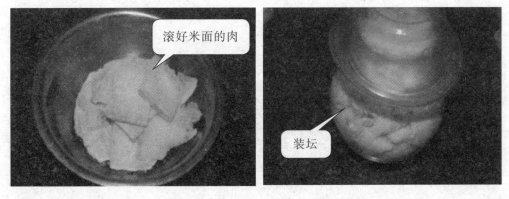

### 三、注意事项

1. 装坛时不宜把肉塞得过满，要留一定的空间，一般压紧，肉面距坛口 2 至 3 寸为宜。

2. 在制未成熟期间，不得开坛取封，否则空气进入坛内，使肉霉变。

3. 取封吃食后，应及时盖坛，保持坛盘水不干，使之经常处于密封状态，一般开盖后坛内猪肉存放时间为 3 个月左右。

这样制出来的酸猪肉色泽鲜明，肥肉呈乳白色，瘦肉呈暗红色。味清香，食之皮脆，肉鲜，酸得适中，香气四溢，清爽上口，无油腻感。酸肉既可以像炒肉一样直接炒着吃；也可以蒸熟了炒着吃；也可以焖着吃。

# 学打土家族糍粑

　　土家族在饮食上既丰富多彩，又有自身民族传统特色。特别在逢年过节中，必须要打糯米糍粑，并留有俗语："重阳不打粑，老虎要咬妈。"

　　土家族打糍粑在地方县志上记载不多，究竟传承多少年，尚无考察年限。民国时期，湘西永顺县风土志中曾记载："糯糍粑系糯米饭在石春中杵如泥，压成团形，形如圆月，大直径约两尺，寻常者四寸，厚三分至八分不等。"

　　土家族糍粑的来历有这样一种说法。传说在清初时期，土家族大孝子向怀德的八十岁老母得了病，吃任何东西都不合胃口，向怀德就把糯米用腊肉蒸给母亲吃。虽然老人家有一段时间觉得合胃口，可是过了一段时间又不合了。向怀德一时拿不定主意，就把糯米饭用锅铲在锅里反复挤压，使糯米饭成了糍粑，再用油煎上，使之二面黄，送给母亲。老人一看，忙吃上一块，感觉好吃，心里非常喜欢。时间一长，这种样式母亲又吃腻了，总觉得油味太重。但是做好的几块不能丢，向怀德便把几块拿到火炕上，用火钳架在火炭上烤得二面黄，再送给母亲，老人吃起感到非常香脆。从此后，母亲三餐不离。向怀德觉得用锅铲挤压数量太少，又不方便，一天，他就用木桶蒸了半桶糯米，而后，用对春柔和，再捏成小个，放在刀板上，用锅盖压挤，并且厚薄均匀，每天他给母亲烘烤两个。这种糯米粑后来被土家族人称之为"孝粑"，并世代传承至今。

## 一、制作工序

1.将纯糯米提前三五天用井水泡好，到重阳节那天放在木蒸子里用大火蒸熟。

2.将熟糯米倒入洗干净的石"对窝"里，两名男子用两根糍粑棒不停地揉、搅、和、打，等到糯米变成黏性十足的粑团后，两男子巧妙地将粑团拗起抬进家中，放入铺满细米粉末的大簸箕里。

3.手拿比较湿的帕子将糍粑棒分别脱净，之后一家大小开始用洗净的手制作好糍粑。制作过程中非常费人力，必须要几个人一起才能制作完成。

## 二、多种吃法

一般是用炭火烤，叫烤粑粑，用青菜汤下粑粑片，叫煮粑粑，与腊肉炒，叫炒粑粑。粑粑做得多，一时吃不完的就用清水浸泡在水缸内，这样可以储藏2—3 个月都不会坏，到过年时候也有糍粑吃。有些爱讲究的人家，还用蓼竹叶包成 1 对 1 对的，在糍粑内放少量芝麻和糖，吃起来又甜又香，俗名叫"蓼叶子粑"。

# 制作灰粑

　　道真县是仡佬族、苗族、土家族的居住地，地处川黔边沿，山高、坡陡，交通不便，信息闭塞，饮食全凭自己的智慧创造，尤其是招待客人，主人更是奇思妙想，想方设法做出独特的食品，让客人好好享受，一方面展示家庭主妇高超的饮食技艺，另一方面则显示这个家庭的富有，因而"灰粑"也就成了农家的风味食品。逢年过节或遇红、白喜事时，家族中近亲会专门制作一盆灰粑送去，作为馈赠的礼品。祝愿对方家庭像灰粑团团圆圆，做事像灰粑细腻，名声像灰粑闪光，全家人万事顺心………

### 一、主要工具

　　黏米、铁锅、盆、石磨或粉碎机、蒸笼、瓢、锅铲、白碱（以前没有白碱，人们选择极好的糯谷草，用火烧成灰，冷却后放在事先准备好的细白纱布垫好的簸箕里，下面放上干净的木盆或瓷盆，用开水淋在稻草灰上，灰水漏入木盆备用；现在都不用这个方法了，都用白碱）。

白碱　黏米　蒸笼　石磨

## 二、制作步骤

第一步：把黏米用清水淘5—6次，直到淘干净，然后沥干。

淘米

沥干的米

第二步：把淘好沥干后的大米放入加有白碱的温水中浸泡1.5小时左右，水与米的比例为2:1；米与白碱的比例为20∶1（即1千克大米25克白碱）。

浸泡

浸泡1小时后的米

第三步：把泡好的米连同水一起用石磨磨成米浆或粉碎机打成米浆。

第四步：把米浆放在锅里用中火煮并充分搅拌，煮到看到米浆的颜色转色（由白转米黄色或三分之二的米黄色即可），可以捏成团为宜。舀起来装入盆内冷却，至不烫手。

把米浆放在锅里煮并搅拌

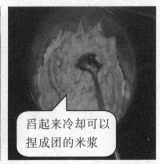

舀起来冷却可以捏成团的米浆

第五步：把煮好的米浆抓起捏成直径 10 厘米大小的粑团，在捏的过程中，会有点粘手，则用加了白碱的冷水把手浸湿一下再接着捏。粑团的颜色与蒸熟的灰粑颜色不太一样，粑团的颜色稍微白一点。

第六步：把捏好的粑团均匀地放在蒸笼里并密封好，用大火蒸约 1 小时，灰粑就可以起锅了。蒸好的灰粑装在盆子或蒸笼里，犹如珍珠闪闪发光。

蒸熟的粑团

捏好的粑团

灰粑的保质期大多在一个星期左右。农家用它来做各式各样的美味佳肴，人们吃了赞不绝口，流连忘返。如伴炒腊猪肉片、麻辣水煮灰粑片、干辣椒清炒灰粑片；也可以把灰粑蒸热蘸辣椒酱吃；还可以放在清汤火锅里煮来吃。

# 制作土家族"掐掐"汤圆

　　土家族是中国的少数民族之一，汉族人大量迁入后，"土家"作为族称开始出现。土家族人自称为"毕兹卡"，意思是"本地人"。上坝乡是道真自治县土家族人聚居地。这里的土家人，十分好客，淳朴善良。随着生活条件变好，自家有了田土，种上了稻谷，总是用小块田地种点糯米，制作成糯米粉，以便客人到来方便招待。尤其喜欢制作汤圆。土家人制作的汤圆，也称"掐掐"汤圆。

　　1. 将纯糯米打磨成糯米粉，或到市场上购买汤圆粉。

工具与材料

　　2. 准备好宽敞的盆具，用汤勺将糯米粉盛在盆具里。手拿筷子和水瓢，用温水将汤圆粉浇湿搅和，做到干湿均匀。

用温水细心搅和

3.用洗干净的双手揉搓湿汤圆粉。将揉搓成团型的汤圆粉进行分解，搓成条状。(注：揉搓汤圆粉时做到"三光"，即手光、盆光、面光)。

搓成汤圆条

4.将汤圆条掐成小汤圆颗粒，放入把水沸腾的锅里。

揉搓掐成汤圆颗

5.为了不让"掐掐"汤圆粘锅，要小心翼翼地搅和，掐完后，等待小汤圆颗粒完全煮沸至浮在水面上。

6.根据客人的口味，可以放入白砂糖、黄糖等。更可以舀取油茶，放入其中，更是香喷喷的。口味各异，风味不同。

# 制作福星麻饼

福星麻饼产于道真县大矸镇福星村五元组，是仡佬族人世代相传和不断探索、创新的美味小吃。下面我们就来看看福星麻饼是如何制作的。

**一. 原料**

红薯（或玉米）、谷芽粉、芝麻、花生、米泡等。

**二、制作过程**

1. 谷芽粉的准备

谷芽粉是仡佬农家制糖的重要"催化剂"。谷芽粉的制作，首先要将稻谷浸泡 1—2 天后，将其捞起铺开，每天定时浇温水 3 次，连续浇 7 天后，稻芽长到 3 厘米左右，然后将嫩芽撕散晒干，最后磨成粉状，这就成了谷芽粉。

2. 麻汤浆的制作

首先将红薯洗净后放入锅中煮熟，用木瓢压细，变成红薯粥。这时把用温水浸泡的谷芽粉放入锅中，一边用微火加热，一边搅拌均匀，让锅内的红薯粥澄清。

然后用细纱布将红薯粥过滤，把滤液用来加热，直到成糊状，即麻汤浆。

麻糖浆

3. 麻饼的制作

（1）首先将麻汤浆放入锅中加热几分钟，然后放入米泡、芝麻、花生进行搅拌，让它们充分的结合粘在一起。

（2）然后在桌子上准备一小"箱"，迅速把锅中的麻汤浆混合物放入"箱"内，用木槌压，让它们粘的更紧，不散开。最后取出小框，用刀均匀切成小块，即麻饼。

米泡　　　　　　　　　　花生　　　　　　　　　　芝麻

装箱　　　　　　　　　　　　　　　压紧

切块　　　　　　　　　　　　　密封

福星麻饼具有味道纯正，甜而不腻，口感酥脆，营养丰富，食用方便的特点，是一种纯天然仡乡美食。随着社会经济的发展和人民生活水平的提高，需求量越来越大，市场广阔，仡佬族人把它作为致富增收的一条重要途径。为了仡佬族的美味小吃世代相传，我们一定要在劳动实践中不断研究、不断提升自己的制作水平。

# 制作福星麻糖杆

福星麻糖杆产于道真县大矸镇福星村。传说麻糖杆制作好了以后，周围邻居的小孩都闻讯赶来"尝鲜"，因为吃到第一时间起锅的麻糖杆的孩子，在这一年中都能够处处逢好运。这时，主人会毫不吝啬地给孩子分上一份，并祝愿他们能够健康、快乐地成长，剩余的麻糖杆才密封装袋。麻糖杆是仡佬族人节日或婚宴等待客的重要小吃。

## 一、原料

玉米面粉 、谷芽粉等。

## 二、制作过程

1. 谷芽粉和玉米面粉的准备

在麻糖杆制作前，必须提前准备麻糖杆的重要"催化剂"——谷芽粉。谷芽粉的准备，需要将稻谷用清水浸泡 1—2 天后，出嫩芽、晒干，最后磨成细粉，即谷芽粉。

玉米面粉是选用优质玉米磨成的细粉。以上就是麻糖杆制作前的原料准备。

2. 麻糖杆的制作

按照 100 斤玉米面粉配 400 斤水的比例烧一锅水，待水烧至 70—80℃时，一边放入玉米面粉并搅拌均匀，同时将按 2% 的比例放入用温水浸泡的谷芽粉，不断搅拌，直到锅中沸腾，让玉米粥熟尽了及时退火。等到锅中水温降至 35℃时，再将用温水浸泡的谷芽粉搅拌放入锅中摇匀。大约半个小时，逐渐升温，

直到 60℃左右，保持 2 个小时，锅中玉米粥自动
澄清。

麻糖

然后将锅中的玉米粥用细纱布过滤，滤液就
是糖水。再将糖水加热，这时水温越高水分蒸发
越快。当滤液减少到 15%—20%时用微火，一边
加热，一边搅拌，防止粘锅。待 2 小时左右，就
成了糖浆，糖浆具有韧度和光泽度，这时就可以
起锅。

糖浆制作成了之后，就该扯麻糖杆。由于麻
糖杆变硬后易破碎，需要另烧一锅热水，放入甑箅（一种竹制的滤水工具），
使水蒸气集中于一个地方冒出，这时由两位师傅趁热取一团糖浆，各站一方，
利用干净木棍将糖浆置于水蒸气之上，反复折叠拉扯，几十回合之后，把拉扯
好的麻糖杆悬挂起来待冷却后，切成小节装入密封的箱里。即成品麻糖杆。

### 三、福星麻糖杆的特点

麻糖杆中含有 0.5%的水分，具有高温易融化、脆等特点，包装、食用、储
存、运输等都要做到防风、防热、防压、防水等。

麻糖杆味道纯正，甜而不腻，口感酥脆，营养丰富，是一种纯天然健康休
闲小吃，是道真"仡佬三幺台"宴席"茶席"必不可少的一道佳肴。作为地方
特色食品、旅游产品加工上市。

# 制作油炸干土豆片

油炸干土豆片算得上是道真的土特产。其制作过程简单，吃法多样，适合各种口味的人，是老少皆好（hào）的美食。但要制作一份优质美味的土豆片需要花费一定的时间，而且要注意很多细节问题。

## 一、原料

土豆（要求：皮薄，芽眼浅，表面光滑，大小均匀，去除生芽、表皮干缩）、食用植物油（也可用猪油）、香料（白糖、食用盐、花椒、辣椒粉等）。

## 二、制作过程

1. 第一阶段：制作干土豆片

（1）去皮：将符合要求的土豆去皮后浸泡在清水里，并清洗干净，然后检查是否有腐烂、变质、黑斑或芽眼等。

（2）切片：这是一道比较关键的工序，很考验刀法。要厚薄均匀，才能保证晾晒时成熟度一致，颜色一致。厚度一般在1.8mm—2.2mm，并把切好的土豆片浸泡到凉水里。

（3）断生：将足量的水放入到锅里烧开，然后将切好的片放入开水中煮1分钟左右（断生即可），舀起来再在冷水里淘一淘，这里也是有讲究的，淘得不好的话晒出来的就没有那么漂亮，会发黑。

（4）晾晒：将土豆片从水里捞出来，将其铺开放到烈日下晒干（如果是晾干的就不能保证颜色和味道）。然后将其装到密闭的袋子里，一年四季随时可以按以下第二阶段的步骤制作可口的油炸土豆片了。

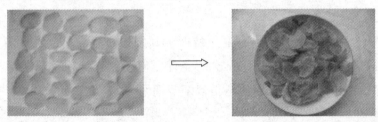

2.第二阶段：油炸土豆片

（1）将适量的食用油倒入锅里加热至有少量油烟，油面有滚动（不能让油沸腾）时，将火力调至中小档。

（2）迅速把干土豆片放入油里并快速翻动，至所放的土豆片都炸黄后快速起锅。看到这么美味的零食是不是迫不及待想吃了？等等，这时的土豆片还不够酥脆，大约两分钟过后就可以大饱口福了。

（3）加料：至少有四种及以上的吃法

①什么调料都不用加，直接吃，味道非常不错。

②加适量食用盐调匀做成咸土豆片。

③加适量白糖调匀做成甜土豆片。

④加适量盐、花椒粉、辣椒粉等调匀做成麻辣土豆片等。

　　不同的味道能满足不同人的口味。爸妈操劳一天回到家里，你炸出可口的土豆片，加入适合他们口味的调料，倒上一杯小酒，一家人坐在一起享受美味的晚餐，那气氛温馨、和谐，真是其乐融融；逢年过节或亲朋团聚，端上一碗油茶、奉上一盘正宗的土豆片，聊聊天、拉拉家常，是不是倍感亲近和快乐呢；几个同学或好伙伴一起玩耍，顺便嚼上几块你自制的油炸土豆片，那感觉绝不逊色于风靡全球的薯片，会让你和你的朋友吃上一片就放不下手，实在是香呀……

# 学做王老爷观音豆腐

观音豆腐也叫斑鸠豆腐、神豆腐，是勤劳智慧的道真仡佬族苗族人民在生产生活过程中创造出来的一道纯天然的绿色夏令食品。它看上去像翡翠一样晶莹剔透，吃起来如果冻般柔软滑腻。在炎热的夏季，食用观音豆腐具有消暑、去火、降压、润胃之功效，自古以来就深受仡佬族、苗族人民的喜爱。

相传在很久以前，一个初夏时节，连续三个月不见一点雨滴，刚种下去的庄稼都渴死在了龟裂的田地里。起先，人们还在不断地从溪流中挑水饮苗，这一过程一直持续到小溪也跟着逐渐干涸为止。家家户户都开始节衣缩食，以期仅有的一点余粮能够帮助他们度过荒年。嗷嗷待哺的几张小嘴，促使着米缸中的大米日日下沉，当淘尽了最后的粮食时，一个村子弥漫着死亡的气息。饥饿，让人们把眼光盯向了茫茫的群山。蘑菇，山蕨，葛根，蒿草根，在很快成为人们的主粮并被迅速掏空的时候，大家试探着把眼光盯向了其他的植物。人类是谨慎的，就算面对死亡，也不会把不知名的东西填进肚子里，他们懂得饮鸩止渴的道理。于是，村里几个略懂药理的村人联合起来，学起了神农尝百草。一天晚上，领头的村长王老爷做了一个梦，梦中见到了救苦救难的观音菩萨，她用醮着雨水的柳枝向下挥洒甘露，所及之处，一株株膝盖高低的低矮灌木拔地而起……他惊醒过来，等不及天明就领着大家进了深山。他们找到了梦中的灌木，并带头吃了起来，确定无毒之后，又带给全村人吃。虽然苦涩，却救了命。村民们都叫它观音柴。后来村里的一位大婶，在把观音柴叶片捣汁时，她的小儿子不小心把灶前的草木灰倒进了汤汁中，于是奇迹出现了。农妇发现，汤汁正在结块，像豆腐般，她尝了尝，味道十分特别。观音柴制成的豆腐成了一个村子活命的主粮……为了感恩做梦的王老爷和梦中的观世音菩萨，人们称这种豆腐为王老爷"观音豆腐"。

### 一、选好材料——"观音柴"

"观音柴"，学名叫腐婢树，马鞭草科多年生落叶灌木。又名土常山、臭娘子、臭常山、凉粉叶、铁箍散、六月冻、臭黄荆。其貌不扬，墨绿色的叶子散发着一种别样的清香。这清香似兰花而更浓，似玫瑰而稍淡，似梅而更远，似荷而更清，还未走近，那一缕清香便已沁人心脾。上山采臭黄荆叶，只要闻着它的香味就能找到。采臭黄荆叶看起来是件容易的事，其实挺有讲究的。在柴叶的选择上，以太阳光照强的柴叶为好，这种柴叶比较厚，颜色深，叶汁多；反之，叶薄而汁少。叶子以嫩一点的为好，太老的叶子叶汁少，做出来的豆腐口感不好。采叶子时还必须注意一点，不能弄碎或弄破，叶子一旦破碎，做出来的豆腐就有一股难闻的青草味。

洗干净的黄荆叶

### 二、制作过程

1. 洗叶

从山上摘来的臭黄荆叶子，拿回家后用清水清洗干净，不含杂质。

2. 浸叶

把清洗干净的叶子浸到温开水当中；尤其注意，水温不能太烫也不能太凉，太凉了叶汁浸沤不出来，太烫了会把豆腐烫"死"，冻结不起来，即使冻起来了，豆腐的颜色难看、口感也不好，温度的高低以手伸进水里不觉得烫为准；浸叶的时候，用筷子轻轻搅动，让叶子均匀受浸，但搅动时不能把叶子搅破。将烫好的黄金叶放入盆内，用瓢揉碎。

3. 过滤

待叶汁浸沤出来后，用一块纱布或白布，将绿汁儿过滤。

4. 准备好过滤的草木灰水

选择什么样的草木灰很重要，做观音豆腐一般用油菜秆灰、茶叶秆灰、杉树枝灰、柴灰等，其中首选杉树枝灰和观音柴灰。

放草灰

5. 放草木灰

等盆中的叶汁变成了一种翠绿的液体混合物后，加放用草木灰兑成的汤汁；放草木灰汤汁是整个做程序中关键的一环，没有它就像做豆腐不加石膏一样，不能凝固；而加多少草木灰也有讲究，加多了，做出来的豆腐太硬不好吃，加少了不成"豆腐"；所以要边加边看凝固情况，在绿色液体中放入草木灰后，不一会儿工夫，绿叶汁渐渐凝固成晶莹剔透、柔软滑腻的观音豆腐。待一个小时冷却沉淀后，成品就做好了。

三、调料配制

1. 准备好青椒在铁锅里炒熟（有条件的用火石烤熟）。

2. 将炒（烤）熟的青椒与大蒜一起剁粹，切一点葱花。

3.放一点合适的食盐、姜水、食醋拌匀（切记不要放味精），一碗观音豆腐就做出来了。

## 四、美食文化

据科研人员研究，臭黄荆叶含果胶 39.5%，含粗蛋白高达 29%—34.1%，含有食物纤维 21.6%，还含有灰分、叶绿素等多种维生素和微量元素，以及 17 种氨基酸，并以赖氨酸为最高。

# 制作土家族腌娃娃菜

娃娃菜、又叫"超生菜、背儿菜、抱儿菜、母子菜"，学名"抱子芥"，芥菜的一种。粗大的根部上，环绕相抱着一个个翠绿的芽苞，如同无数孩子把当娘的围在中间。一母多子，这也是它叫"娃娃菜"的来由。这种菜既好吃又清火，食法多样，可以炒食，凉拌，煮汤等。土家族的传统做法是腌制。

## 一、原料和工具

娃娃菜、食盐、陶坛、菜刀、菜板、盘子等。

## 二、制作方法

1. 娃娃菜洗干净后切成条备用。
2. 将切好的娃娃菜条放到筛子里，放在太阳下晒几天，等水分基本干了就行了。

3. 然后将晒好的菜干加盐，码味。再放到太阳底下晒，等到晒干后装进陶坛之中，按紧，用干净稻草或玉米衣壳塞紧，倒置于一个盛有清水的陶盆之中，让其密封发酵，约一个月左右，一坛酸香扑鼻的腌娃娃菜就做好了。

### 三、注意事项

1. 菜干一定要晒干，如果晒得不够干，最后做出来水分很多，如果够干，做好的菜干可以保存半年以上。

2. 全程不要沾到油。

# 学做洛党鸡

道真的饮食文化相当丰富，其中洛龙大塘生态土鸡享誉省内外，有"中国土鸡之乡"美誉之称。

大塘生态土鸡产于洛龙镇大塘山区，经数百年繁育形成的大塘土鸡，放养青山绿水间，采食五谷杂粮，虫草雨露。肌纤维细长，肌肉间脂肪含量均衡，入口嫩爽，而汤更是香鲜不腻。适合煨汤、热炒、冷食凉拌等多种烹调方法，并富有营养，有滋补养身之效用。

"土鸡系列"特色餐饮有干锅鸡、大脚姑鸡、辣子鸡、药勺鸡、青椒童子鸡、竹笋鸡、红汤鸡等绝味饮食让人回味无穷，吸引众多远近客人慕名而来，一饱口福，而尤以"洛党鸡"最具特色，它是用大塘磨盘山特产野生党参和本地生态土鸡烹饪而成。纯天然食品，不但味美鲜香而且美容养颜、健脾强胃、益血补气、延年益寿。

### 一、选材

根据顾客的身体需要或者要求选好主材土鸡和党参。如果需要健脾强胃，要选公鸡；如是需要益血补气，就选母鸡；若是鲜嫩，那就选三四个月的仔鸡。党参的选材也有讲究，品尝的话就要选刚出土新鲜的；需要美容养颜就要选三年生嫩一点的；需要延年益寿就要选多年生老一点的；若是需要健脾强胃的话那最好选用干党参。

### 二、加工

一是鸡的宰杀和制作。由顾客在鸡笼里选，由厨师当场宰杀，涨开水（沸水）去毛、柴火上净毛、开水里褪脚趾，破腹掏去内脏，用清水清洗干净抹上盐后备用。二是党参的制作，若是新鲜的先清洗干净后，切成小段，然后烧沸水，放进去中火煮约四五分钟，捞出待用。若是干党参的话，那就要先用沸开水泡两三个小时后，洗净在沸水中煮至十分钟捞出备用。另外还要制作好一些配菜，如土豆、粉丝、菇类、蔬菜等。

基本的调料是盐、酱；还要准备的调料有：葱苗、生姜、大蒜、花椒、辣椒，这几样调料都是洛龙的特色品种。葱要分葱苗，葱苗要分节；姜要火姜、用菜刀压裂，但不能碎；大蒜要蒜瓣；椒要原生花椒仔，不用椒粉，最好是树上摘的带叶的鲜椒；辣椒要整个，不要切碎。其次根据顾客的需求还要准备一些枸杞、大枣、陈皮等。切记不要准备味精！加味精的话就变味了。

## 三、烹调

将抹盐的鸡清洗后整个放入砂锅内（没有砂锅，铁锅也将就），放入清水淹没鸡，加入适量盐、酱、生姜、大蒜、花椒（可以根据顾客的需求调味），盖上盖，用中火熬至一个半小时左右。再加入党参，根据顾客需要加入大枣、枸杞、陈皮等，再慢慢地熬制一个小时，然后切入大火煮五分钟左右，即可出锅，撒上葱苗就可以食用了。

# 制作仡山酢海椒扣肉

　　道真县是一个以仡佬族、苗族为主的多民族自治县。相传在这块土地上，仡佬族、苗族都是以对歌相亲，成亲后，男方要用重礼到女方家娶亲，吹吹打打几十人，甚至上百人的迎亲队伍。女方家也要用丰盛的酒席招待，于是产生了三幺台，三幺台中，最丰盛的是饭席，在饭席上，有十多种下饭菜，其中的菜王是扣肉，吃了新娘家的扣肉，可以辟邪，一年四季事事如意。为了讨吉利，人们都喜欢吃这道菜。

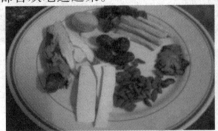

## 一、工具和原料

1. 主要工具：铁锅、菜刀、蒸锅、土疤碗、盘子、砧板、锅铲等。

2. 原料：五花猪肉、酢海椒、姜、蒜、海椒油、香油、　花椒油、蔗糖等。

## 二、制作方法

1. 五花猪肉洗净切片，将肉片摆放整齐，每碗十片，肉皮朝下摆入碗中，碗边用瘦肉填满空隙，洒上姜蒜末，滴入辣椒油、香油、花椒油。

2. 将酢海椒摆放于肉上，将酢海椒稍稍压实，撒上适量蔗糖，锅蒸一小时左右即可。

3. 这样的扣肉味儿香、口感好、色好看，肥而不腻，顺饭。

# 制作高粱米团

高粱米团是道真县特有的，是以高粱为主要食用材料制作的食品。相传这里古代仡佬族男女青年以对歌相亲，出发前，各自在衣兜里都要怀揣一个高粱米团，对歌完毕，彼此相中，就要相互交换米团背对背找块石头坐下吃，以表各自心中都有了对方，并永远想着对方，不能变心。现将这一食品的制作方法介绍如下。

## 一、工具及材料

1. 工具：盆子、铁蒸锅、砧板、香樟叶。

2. 制作材料：高粱米面、红豆、糯米面、白糖、水。

## 二、制作方法

1. 准备高粱面、糯米面备用，两种粉类，加入白糖和适量的水，放入盆内揉成均匀的面团。分成相同大小的剂子，红豆沙馅，揉成小球备用。

2. 取一份小剂子，捏成中间有小窝的面皮，放入一颗红豆沙球，慢慢收口，然后在两手心中多揉几次，就成为没有裂缝的小球，细心搓成小椎体形状。

3. 做好的小椎子生坯，放入垫了香樟叶的蒸笼里，冷水上锅，上气后蒸30分钟即可食用。

# 制作香甜可口的桐叶粑

　　"张三姐、王九妈，多久没有回来耍，赶忙泡米推粑粑，耍过三天不留你，走了送你一篮桐叶粑，天上飘的毛毛雨，地上走的稀泥巴，朝前一跟斗，朝后仰翻叉，摔坏了粑篮子，吓哭了胖娃娃"。这首儿歌在道真县广为流传。儿歌中的桐叶粑，就是道真县人人喜欢的一种美食。

　　还有这样一个美丽的传说：

　　在美丽的芙蓉江畔，住着一户赵姓人家，赵家有一个独生女儿名叫桐儿。桐儿天生聪明美丽，勤劳善良。一家人过着幸福的生活。

　　在当时，蛮王首领滚龙统治着这块土地，他胡作非为，百姓怨声载道。他的弟弟青龙却经常帮助百姓来改变蛮王在人们心中的形象，维护着大哥对这片土地的统治。

　　一个桃花盛开的季节，在美丽的芙蓉江畔，青龙和赵桐儿这对有缘的年轻人相识相恋了，并有了他们的爱情结晶小雨龙。没多久，青龙和赵桐儿相爱的事传到了蛮王滚龙的耳中，滚龙大骂弟弟不成器，认为两家门不当户不对，准备派人杀死赵桐儿全家。赵桐儿为了保住家人性命，跳入滚滚的芙蓉江水自尽了。

　　噩耗传来，青龙万念俱灰，来到芙蓉江边。看着那滚滚的芙蓉江水，眼前浮现出一幕幕他和桐儿相处的情景，他几次想追随恋人的脚步，离开这伤心的世界，但一想到桐儿"把雨龙抚大成人"的嘱托，看到儿子那可爱的脸蛋，他就停住了迈入江水的脚步。没多久，万念俱灰的青龙离开了王宫，来到了离芙蓉江边不远的插旗山出家为僧。

　　一天夜里，青龙恍恍惚惚看到桐儿来和他相会，并告诉他用苞谷和大米放在石碓窝里捣成粉，做成粑，外面裹上桐叶，用来祭奠她，就能把阴阳两界的情丝粘联起来。青龙狂喜，发现原来是一梦。第二天，青龙早早起床，把苞谷和大米淘洗干净，捣成粉，做成粑，外面裹上桐叶，并用糖作馅儿，表示甜甜蜜蜜。然后拿去拜祭桐儿。一会儿，一个熟悉的倩影飘飘而至，粑也少了几个，青龙知道剩下的是桐儿留给他和儿子的，粑甜润可口，从此以后爷儿俩就常常以它为食，吃了用桐叶做成粑的小雨龙也很快长大成人，他长得力大无穷，最后带人赶跑了滚龙，被人们拥立为新的蛮王。新蛮王造福百姓，得到了人们的喜爱，他几次派人去迎接青龙回宫，但怎奈青龙尘心已尽，更因不愿离开有桐儿相伴的地方，决心与青灯古佛相伴终老插旗山，后来终成一代高僧，受到万世敬仰。雨龙父子和桐叶粑的故事在当地传开了，桐叶粑也由王宫传入了民间，后来在民间几经改良（将玉米面改为嫩玉米，加入荞面和面粉），成了这一带招待贵客的席上佳品。

## 一、制作过程

1. 采摘来新鲜玉米，去掉玉米须，削下玉米籽。桐子叶洗净，沥干水待用。

 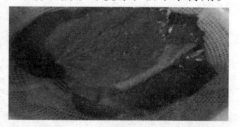

2. 将嫩玉米用水淘净，加入洗净泡好的大米打成浆（打浆机或石磨）。

3. 将玉米和大米打成的浆盛入面盆，加入适当荞面或面粉调匀（以手能揪成团为宜），再加入适当泡打粉准备发酵。

4. 浆发酵好了，准备蒸粑，揪一团糊糊，搓成长条形放入桐叶中，挤压成两头尖，中间略粗或三角形放入蒸笼中。

5.旺火蒸约三十分钟，一笼热气腾腾的桐叶粑就出锅了。

## 二、注意事项

1.米浆里放入适量的白糖，口感会好很多。

2.米浆面粉不宜太粗，否则会影响口感。

3.桐叶粑佐以本地油茶，味道更佳。

# 制作米豆腐

　　勤劳智慧的道真人不仅会种植各种水稻，还能把水稻加工成各种香味可口的食物，米豆腐就是其中的一种。据说米豆腐在明朝时就有人尝试加工，清朝中后期在民间广泛流传，因其光滑细腻，温润可口易加工而深受人们喜爱。因此，在道真各种酒席的餐桌上都能见到米豆腐这一佳肴，它已成为道真的一大特产。

## 一、原料

　　大米，石灰粉。

## 二、制作过程

1. 选料

　　在选择大米时，以早、中、晚稻籼型为好，碎米也行，但粳稻、糯稻米不行，因为黏性太重，不易制作。石灰粉要卫生，要去除里面的杂质。

2. 浸泡

　　原料选好后，首先要浸泡。在浸泡前把大米用清水冲洗干净，除去大米中的杂物，然后放入容器中加水，至淹米 3.5 厘米左右为宜。其次，把新石灰粉调成溶浆，加入淹水的米中，然后搅拌均匀，1千克米放约50克粉状石灰。浸泡3—4小时，使米变成浅黄色。待口感有苦味后，取出浸泡的米，把米放在清水中淘洗至水清为止。

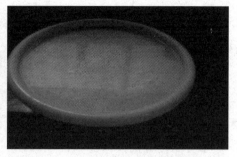

### 3. 磨浆

磨浆的水和米的比例为1∶2，可以用石磨磨米，也可以用机器把米打碎成浆。

### 4. 煮浆

把打好的米浆倒入洗净的锅里，烧火煮浆。煮浆时，边煮边搅，开始用大火煮，至半熟时用小火煮，边烧边搅到煮熟为止。

### 5. 成型

煮熟的米浆变成糊状，趁热装入预先准备好的容器内。容器的大小以米豆腐的厚度和多少来选定，也可以用大锅盛。容器内要铺薄布，装时要厚薄均匀。

待冷却后即可根据爱好加工成各种自己喜欢的食物。

### 三、加工

米豆腐做好后，可以吃，但是通过各种特殊的加工后，其味道会更鲜。下面给大家介绍几种常见的吃法。

1. 麻辣米豆腐

（1）原料

米豆腐、豆瓣、青蒜、蒜片、花椒粉、生辣椒、酱油，食盐、色拉油或调和油。

（2）制作方法

①把青蒜苗切成小节，大蒜切成片，与少量盐、胡椒水和酱油一并放入切成小块米豆腐中搅拌制作。

②炒锅内放油，加少量盐、豆瓣、辣椒和蒜片香炒制作。

③将米豆腐与花椒粉、水豆豉、葱蒜、酱油，食盐，色拉油与生姜一起调味制作。

④加入青蒜苗、辣椒、食盐、葱蒜与色拉油翻炒制作。

这样调制的米豆腐兼具各种麻辣味，适宜各种口味的人群。

2. 家常米豆腐

（1）主料：米豆腐，瘦猪肉，小红椒，大蒜瓣，香葱。

（2）调料：色拉油，盐，味精，酱油，蚝油。

（3）做法

①米豆腐切成1厘米左右的小方块，焯水待用，瘦肉切肉末待用。

②炒锅下底油，烧至六成热时下瘦肉末、蒜瓣、小红椒大火煸香，放盐、味精、酱油、蚝油调好味，下米豆腐翻炒几下，撒葱花出锅即可。

米豆腐食用方便，冷热皆可；热食主要是煮了吃，里边放点酸菜，味道鲜美；冷食主要是凉拌，加上各种佐料，特别是酸水，味道清爽酸辣，一年四季皆可食用。

## 四、营养价值

米豆腐营养丰富，酸碱中和，软硬适中，老少皆宜。

米豆腐含有多种维生素，能预防和治疗大肠癌、便秘、痢疾、小肠串气，有助于减肥排毒，美化皮肤，养颜美容，保持青春活力；具有清热败火，解渴爽口等作用，夏日更兼清热解暑、解馋、解困、提神、消暑等作用。米豆腐是一种弱碱性食品，吃碱性食品可保持血液呈弱碱性，使得血液中乳酸、尿酸等酸性物质减少，对尿酸偏高的人群更有较好的作用，还能防止乳酸、尿酸在血管壁上沉积，因而有软化血管的作用，故有人称碱性食物为"血液和血管的清洁剂"。

# 制作糯米海椒丝

在天气寒冷的冬季，不少人喜欢吃辣椒抗寒。过去没有保鲜剂、防腐剂，海椒成熟的季节量多，不好贮存，人们便发明了糯米海椒丝。糯米海椒丝是地方风味极浓的民族家食土菜，它不仅下饭可口，开胃，营养丰富，而且在两种物质有机的融合后，能健脾胃，祛风湿。我们今天就来讲解这道菜的做法。

## 一、原料和工具

鲜辣椒、糯米、案板、菜刀、老坛子一个。

## 二、制作方法

1. 糯米，需要提前泡 2 个小时左右。
2. 将新鲜的红辣椒洗净沥干水分切丝。

　　3.泡好的糯米沥干水，放辣椒，拌好，糯米与辣椒丝的比例一般为3∶1，还可以根据自己的喜欢调节，想吃辣就少拌糯米。反之就多拌糯米。

　　4.拌和好后用合适的土坛子装盛，装完以后，上面再用新的洗碗巾2到3条或谷草盖住。找小树枝去叶（竹条最好）压在洗碗巾上面。再用一个大碗盛冷水，把坛子倒过来口朝下，使口子淹在水中5厘米左右即可。再过二十来天就可以开坛吃了。

　　5.以后每月换一次封口水就可以了。保管得好，可以一年不坏。每次吃多少，取多少。

　　6.以上做出来的糯米海椒还不能直接食用，食用前要在蒸锅里先蒸熟，然后放油在锅里炒熟即可，在炒时加葱、蒜苗，香飘万里。

　　特别提示：制作过程和以后坛子的护理中，杜绝油荤。

# 制作仡山干盐菜

道真地处偏远，生活条件不是很好，在古代饥饿或者是缺菜时节，智慧的仡山人想到用青菜来做干盐菜，既利于保存，又度过了艰难的饥荒时节。后来人们在生活条件好了以后，还是喜欢做干盐菜，因为它是一道具有道真特色的菜肴。

### 一、原材料

新鲜的青菜，食盐，大的木盆。

### 二、做法

把青菜晒到半干后放盆中，然后放盐，用手揉搓，使盐浸透进青菜里，然后又放到太阳底下晒，这样连续揉搓 2—3 次后，把盐菜彻底晒干。放好就可以随时使用了。

### 三、干盐菜的多种吃法

吃法不同，味道也不同，最常见的吃法有生吃、凉拌、煮汤吃、炒吃、蒸吃等。所谓生吃，就是直接把干盐菜用手撕起吃，吃起来别有滋味。

1. 凉拌吃

把干盐菜用水泡柔和，用刀切碎，然后加春尖或窝笋等凉拌吃。

2. 煮汤吃

把干盐菜剁碎，和汤一起煮沸 5—8 分钟盛入碗中，味道鲜美极了。

　　还可做干盐菜肉片汤，即将剁碎的盐菜放汤中煮沸 3—5 分钟后，再加入肉片煮 2—3 分钟即为干盐菜肉片汤。

　　仡佬苗族人还有一种很特别的汤菜，先将剁碎的干盐菜放在汤锅里煮 3—5 分钟后，再将焖熟的洋芋（土豆）去皮后放在锅里用汤瓢把土豆压碎成糊状，放入 2—3 片花椒叶，适量蒜粒，一起煮即为干盐菜土豆粒汤，这锅汤是非常美味的。

　　3. 炒吃

　　把干盐菜剁碎，放入油锅里炒数分钟加适量其他香料，顿时香味扑鼻。还可用干盐菜炒腊肉，也别有一种味道。

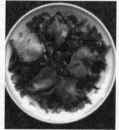

　　4. 蒸吃

　　先把剁碎的干盐菜用少量的菜油炒 1—2 分钟装好备用，又将新鲜的三线肉放油锅里稣 1—2 分钟捞起，然后在三线肉的皮上敷上蜂蜜，切成小片，肉皮朝向蒸碗底部，肉的上面放上之前备用的干盐菜，加上少量生姜、大蒜、花椒及少许油汤，准备完毕后，放蒸锅里蒸 35 分钟左右即可，不但可改变扣肉的色彩，而且肉吃起来香醇不油腻。总之，干盐菜做成的各种菜肴数不胜数，是一年到头不可缺少的菜肴，这道菜的做法也成为仡山儿女的传家宝。

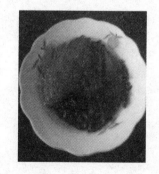

# 第七章

# 劳动教育评价

为了切实保证劳动教育的育人功能，构建科学合理的劳动教育评价机制非常重要。在《指导纲要》关于评价体系思想的指导下，需要构建符合大中小学人才培养特点的劳动教育评价体系，在评什么、怎样评、为什么这样评中把握三个主要原则。

## 一、建立与育人目标相统一的评价体系

《指导纲要》指出，"将劳动素养纳入学生综合素质评价体系"，对劳动素养的评价不能脱离每一个学段的教育目标而展开。对于人才培养为重任的学校教育来讲，其劳动教育的目标需要与育人目标相一致，实现与大中小学人才培养的有机融合。

## 二、重视学校—社会—学生相结合的联动评价机制

《指导纲要》指出，首先，要建立起学校—社会协同育人与评价的有效联动机制。学校—社会两个主阵地要根据培养目标、相关领域内的知识技能等来开展劳动教育效果的评价，这样才能实现学校育人与社会用人的有机结合和有效联动。其次，要充分调动青少年学生在劳动教育评价过程中的能动性和主动性，积极引导和促进其自身参加劳动体验。

## 三、健全监测—反馈—导向的良性动态评价模式

《指导纲要》指出，应该"将过程性评价和结果性评价结合起来……开展劳动教育过程监测与纪实评价，发挥评价的育人导向和反馈改进功能"。劳动教育要重视在学生的成长过程中去考察劳动素养的培养效果，让劳动教育的动态评价与反馈作用得到充分彰显。从青少年学生的综合素养培养目标的实现来看，动态性评价中的定期监督，全程跟踪评价，可以帮助发现劳动教育存在的问题，真正发挥以评促改的功能。

1.平时表现评价要在平时劳动教育实践活动中及时进行评价，以评价促进学生发展。要覆盖各种类型的劳动教育活动，明确每学年或每学期劳动实践类型、次数、时间等考核要求。关注学生在劳动教育活动中的实际表现，注重从行为表现中分析把握劳动观念形成情况。以自我评价为主，辅以教师、同伴、家长、服务对象、用人单位等他评方式，指导学生进行反思改进。要指导学生如实记录劳动教育活动情况，收集整理相关制品、作品等，选择代表性的写实记录，纳入综合素质档案，作为学生学年评优评先的重要参考。

2.学段综合评价学段结束时，要依据学段目标和内容，结合综合素质档案分析，兼顾必修课学习和课外劳动实践，对劳动观念、劳动能力、劳动精神、劳动习惯和品质等发展状况进行综合评定。建立诚信机制，实行写实记录抽查制度，对弄虚作假者在评优评先方面一票否决，性质严重的应依法依规严肃处理。积极推进将学段综合评价结果作为学生升学、就业的重要参考。

道真自治县民族中学劳动教育活动评价表

教师： 　　　　　　考核时间：

| 项目与权重 | 内　　容 | 等级分数 | | | 得分 |
| --- | --- | --- | --- | --- | --- |
| | | 优 | 良 | 及格 | |
| 劳动教育目标（15分） | 注重操作性并对技术原理和方法有体悟 | 5 | 4 | 3 | |
| | 培养学生良好的劳动习惯与技术能力 | 5 | 4 | 3 | |
| | 注重技能训练，注重创新精神和实践能力的培养 | 5 | 4 | 3 | |
| 劳动教育思想与观念（20分） | 教学目标面向全体学生，注重劳动兴趣的培养 | 5 | 4 | 3 | |
| | 注重各学科知识的联系和综合运用，进一步拓展劳动教育的视野 | 5 | 4 | 3 | |
| | 主动进行劳动教育实践，掌握一些现代生产必备的技术基础知识和基本技能 | 5 | 4 | 3 | |
| | 通过体验和探究，学生能掌握基本的劳动方法，注重劳动技术创新意识培养 | 5 | 4 | 3 | |

| | | | | | |
|---|---|---|---|---|---|
| 劳动过程设计<br>（45分） | 注重学生劳动能力和劳动态度的培养 | 5 | 4 | 3 | |
| | 正确处理教师和学生之间的关系 | 5 | 4 | 3 | |
| | 正确处理学生劳动基础学习与劳动实际操作的关系 | 5 | 4 | 3 | |
| | 正确处理操作过程中的规范意识和创新意识的关系 | 5 | 4 | 3 | |
| | 面向全体学生，尊重学生个性、自主性、创造性 | 5 | 4 | 3 | |
| | 鼓励学生自主劳动的同时，突出劳动技术中的重点和难点指导 | 5 | 4 | 3 | |
| | 引导学生学会分工与合作，互相帮助，共同完成劳动任务的意识 | 5 | 4 | 3 | |
| | 注意个别指导与集中指导相结合，并有科学性和创造性 | 5 | 4 | 3 | |
| | 注意学生的劳动纪律和安全规程教育 | 5 | 4 | 3 | |
| 劳动效果评价<br>（20分） | 劳动效果好，达到预期的目标 | 5 | 4 | 3 | |
| | 具有较强的动手、示范、实验、操作能力 | 5 | 4 | 3 | |
| | 正确处理好教师的示范、讲述和学生自主活动之间的关系 | 5 | 4 | 3 | |
| | 发挥多种教育技术和手段的作用 | 5 | 4 | 3 | |
| 合　计 | | | | | |

## 道真自治县民族中学学生劳动教育评价表

| 学生姓名 | | 性别 | | 年龄 | | 班级 | |
|---|---|---|---|---|---|---|---|
| 籍贯 | | 劳动与技术特长 | | | | | |
| 劳动教育内容任务及要求 | | | | | | | |
| 同学评价 | 评价要求 | | | | | 评价分值<br>（每项满分10分） | |
| | 1. 自觉养成热爱劳动的好习惯 | | | | | | |
| | 2. 负责任地主动完成劳动的任务 | | | | | | |
| | 3. 在学校能做好值日等劳动任务 | | | | | | |
| | 4. 会设计，制作劳动技术作品，并具有创造性 | | | | | | |
| 教师评价 | 5. 负责任地、主动地完成劳动课的学习任务 | | | | | | |
| | 6. 能进行劳动实践性作业的设计与制作 | | | | | | |
| | 7. 有劳动成果，且有想象力、创造性 | | | | | | |
| 家长评价 | 8. 负责任地、主动地按照父母的教导完成力所能及的劳动任务 | | | | | | |
| | 9. 树立自理意识，自己的事情自己做 | | | | | | |
| | 10. 形成劳动意识，珍惜父母劳动成果 | | | | | | |
| 合计 | | | | | | | |
| 评价等级 | | | | | | | |

评价说明：各班根据学生每一个月劳动教育进行评价，分为学生小组、教师、家长三级评价，分别在相应的分值下打分。评价标准：90—100为优秀；70—89为良好；60—69为合格；59分以下为待合格。

# 参考文献

[1]马东琴.论中学劳动教育存在的问题及解决对策[D].内蒙古：内蒙古师范大学，2013.

[2]苏霍姆林斯基.给教师的一百条建议[M].天津：天津人民出版社，1981.

[3]胡晓风，金成林，张行可，吴琴南.陶行知教育文集[M].成都：四川教育出版社，2007.

[4]檀传宝.劳动教育的概念理解——如何认识劳动教育概念的基本内涵与基本特征[J].中国教育学刊，2019（2）.

[5]李运萍，刘志红.马卡连柯家庭教育思想述评[J].吉林广播电视大学学报,2004（2）.

[6]肖晓凌.马卡连柯的劳动教育理论及其对幼儿劳动教育的启示[J].科教文汇，2009（11）.

[7]段国苹.浅谈劳动教育对学生成长的影响[J].新作文(教育教学研究)，2019（12）.

[8]庄惠芬.劳动教育到底给孩子带来什么[J].人民教育，2020（1）.

# 后　记

目前，多数学校，特别是城市学校在建设劳动场所和有效发挥劳动教育的功能作用方面任重而道远。为了解决这一问题，各级政府必须下大力气积极整合各类劳动教育资源，让孩子们真正在劳动中得到锻炼和教育。同时，还必须发挥政府、社会、学校、家庭四位一体的联动作用，形成合力，共同承担责任，让孩子们劳动有场所、有时间、有习惯，形成乐于劳动、热爱劳动的品格，形成家庭劳动教育日常化、学校劳动教育规范化、社会劳动教育多样化的协同育人格局。教育行政部门及各级各类学校要建立健全劳动教育评价考核制度，建立劳动习惯、劳动精神、劳动能力个人档案。将劳动教育评价考核成绩作为升高中、上大学录取的重要条件，将劳动个人档案作为就业择业、选人用人的重要依据。只有这样才能促使家长让孩子从小参加劳动、注重劳动教育，也才能促使孩子从小就知道要劳动，养成劳动的习惯。

在今后的工作中，为有效达成全面育人的目标，我们一定要以劳动教育为突破口，深度挖掘和转化"五育"的综合育人价值，通过在"劳动教育"中发现"五育"、渗透"五育"、落实"五育"，达成"五育"之间的全面融合和贯通，以期实现"以劳立德、以劳长智、以劳健体、以劳育美"的"五育并举"相适应的现代学校育人体系。